AF190456

DAS BUCH

In »Raus aus dem Schlamassel« geben die Autorinnen eine bunte Vielfalt an Erfahrungen aus ihrem Coachingalltag, aber auch sehr persönliche Erlebnisse weiter. Damit möchten sie ihren Leserinnen und Lesern mit viel Fachwissen nicht nur humorvolle Erzählungen, sondern auch bewährte Tipps & Übungen an die Hand geben. Damit Sie sich auf der Sonnenseite des Lebens willkommen fühlen.

»Raus aus dem Schlamassel« ist eine sehr sympathische und kurzweilige Unterstützung in vielen Lebensbereichen. Gewohnheiten, Beziehungen und Arbeitswelt bilden die inhaltlichen Schwerpunkte.

Bibliografische Information der Deutschen Nationalbibliothek:
Die Deutsche Nationalbibliothek verzeichnet diese Publikation
in der Deutschen Nationalbibliografie; detaillierte bibliografische
Daten sind im Internet über http://dnb.dnb.de abrufbar.
Die automatisierte Analyse des Werkes, um daraus Informationen
insbesondere über Muster, Trends und Korrelationen gemäß §44b
UrhG („Text und Data Mining«) zu gewinnen, ist untersagt.

Lektorat | Korrektorat: Gitta Niemann
Covergestaltung: Susanne Ihlow und Sabine Ramsperger

Verlag: BoD • Books on Demand GmbH, In de Tarpen 42, 22848
Norderstedt
Druck: Libri Plureos GmbH, Friedensallee 273, 22763 Hamburg
ISBN: 978-3-7597-8318-9

Alle Erzählungen beruhen auf wahren Begebenheiten.
Sämtliche Namen und Ortsangaben wurden geändert.

DIE AUTORINNEN

SABINE RAMSPERGER, geboren in Münster, hat ihr Studium der Betriebswirtschaftslehre an der Universität Münster abgeschlossen.  Nach 15-jähriger Tätigkeit in einer der Big-Four-Wirtschaftsprüfungsgesellschaften als Prüfungsleiterin, Unternehmensberaterin und Leiterin der Bereiche Kommunikation und Marketing in Berlin, Frankfurt, London hat sie im Jahr 2012 das Unternehmen RKM Consulting gegründet. Als Unternehmensberaterin, Trainerin und systemischer Coach unterstützt sie bei beruflichen und privaten Herausforderungen. Sie steht Menschen wie Unternehmen mit kreativen Ideen, evidenzbasierten Anregungen und viel Einfühlungsvermögen zur Seite. In ihrer Freizeit bildet sie Rettungshunde und Begleithunde aus und ist ehrenamtlich in Seniorenheimen und der Jugendhilfe sowie im Ortschaftsrat ihres Heimatortes tätig.

SUSANNE IHLOW hat nach ihrem Studium der Betriebswirtschaftslehre an der Universität München rund zehn  Jahre in verschiedenen Beratungsunternehmen gearbeitet. Seit 2017 ist sie als Gründerin und Geschäftsführerin der Gladmore GmbH als Unternehmensberaterin, Trainerin, Moderatorin und systemischer Coach für berufliche und private Themen tätig. An ihrer Arbeit liebt sie vor allem, Menschen dabei zu unterstützen, sich selbst besser kennenzulernen. Sie ermutigt gerne dazu, neue Haltungen und Verhaltensweisen zuzulassen. Privat lebt sie mit ihrem Mann, vier Hunden, drei Katzen, Pferd und Hühnern in einem ehemaligen Forsthaus. Ihre Freizeit verbringt sie am liebsten mit ihrem Mann und den Tieren in der Natur. Zur Entspannung fährt sie Motorrad, spielt Saxophon, geht gut Essen und verbringt liebend gerne Zeit mit Freunden und Familie.

Susanne Ihlow
Sabine Ramsperger

RAUS AUS DEM SCHLAMASSEL

Mit Illustrationen von Sabine Ramsperger

INHALTSVERZEICHNIS

ARBEITSWELT

EINLEITUNG

Unsere Motivation, ein Buch über Coachingthemen zu schreiben, ist leicht erklärt: Wir wurden im Familien- und Freundeskreis, von unseren Coachees und auch von unseren Coaching-Kolleginnen und -Kollegen sehr häufig gebeten, ein Buch über unsere Erfahrungen zu schreiben. Das haben wir umgesetzt – und hatten sehr viel Spaß dabei.

Ein reines Fachbuch können, wollten wir aber nicht schreiben, da unsere Coachingerfahrungen viel zu emotional und persönlich sind. Diese persönliche Ebene möchten wir in unser Buch mit einfließen lassen – und hoffen, dass uns das gelungen ist. Daher ist der Schreibstil bewusst natürlich und humorvoll gehalten. Wenn wir unseren Leserinnen und Lesern mit nur einer einzigen Geschichte, einem Tipp oder einer Übung positive Gedanken, Inspiration oder Motivation schenken können, haben wir eines unserer Ziele bereits erreicht.

Aber worum geht es eigentlich in »RAUS AUS DEM SCHLAMASSEL«?

Diese Frage möchten wir gerne mittels einiger Feedbacks beantworten, die wir erhalten haben.

»Ich habe schon viel Positives im Kollegenkreis von Ihnen gehört, weiß aber ehrlich gesagt gar nicht, zu welchen Fragen Sie beraten. Sind es nur berufliche Themen?«, wurden wir einmal angesprochen.

Die Antwort ist einfach: Wir stehen als Coach an Ihrer Seite, wenn uns das Thema inhaltlich am Herzen liegt. Es spielt keine Rolle, ob es sich um ein Beziehungsthema handelt, ob eine Gewohnheit nervt oder ob es im beruflichen Kontext hakt. Wenn wir ein Coaching annehmen, lassen wir uns ganz auf das Thema und vor allem den Menschen ein.

»Ich war erstaunt, mit welcher Klarsicht Sie imstande waren, meine chaotische persönliche und berufliche Situation zu analysieren. Gemeinsam haben wir wieder Struktur in mein Leben gebracht. Ich kann endlich wieder aufatmen – danke für Ihre supertollen Tipps«, so ein Coachee.

In diesem konkreten Fall, beschrieben in Kapitel 7, »Stress lass nach«, war es wie in vielen Coachings so, dass persönliche und berufliche Themen ineinandergreifen. Wir sind im systemischen Coaching zuhause, in dem wir die drei Welten »Privatwelt«, »Arbeitswelt« und »Professionswelt« als System betrachten. Das bedeutet, wir begleiten unsere Coachees nicht nur auf einer Ebene, sondern beziehen die Wechselwirkungen zwischen einem Menschen und seinem sozialen sowie beruflichen Umfeld ein.

»Erst war ich sehr skeptisch. Ein Coaching brauche ich doch nicht, dachte ich damals. Aber jetzt bin ich einfach nur glücklich, dass ich den Schritt gewagt habe. Danke, dass Sie mich dabei unterstützt haben, wieder mit Zuversicht auf mein Leben zu blicken. Ich habe endlich wieder eine Perspektive – und zwar eine großartige.«

Dieses Lob haben wir bekommen für ein Coaching, das wir in Kapitel 9, »Mitten im Leben – Fluch oder Segen?« beschreiben. Der Schwerpunkt lag auf den eigenen Gewohnheiten, die sich – wie auch Gefühle, Emotionen oder Gedanken zur Sinnhaftigkeit – durch eine Midlife-Crisis verschieben können.

»Ohne Ihre Ratschläge hätte ich nie den Mut gehabt, mein eigenes Unternehmen zu gründen. Und ich hätte es nie von Beginn an

so gut aufgebaut«, hat eine junge Frau uns geschrieben.

Dieses Feedback haben wir für die professionelle Herangehensweise erhalten, bei der es darum ging, ein eigenes Business zu gründen. Als Basis dafür – und das können wir nur jedem Menschen, der sich selbstständig machen möchte, ans Herz legen – haben wir dabei unterstützt, einen fundierten Businessplan zu erstellen. Ganz gleich, ob Sie in jungen Jahren den Grundstein für Ihr eigenes Unternehmen legen oder aber nach Ihrem Berufsleben Ihr umfangreiches Wissen als selbstständiger Berater weitergeben möchten. Beschrieben haben wir diesen Fall, in dem wir intensiv begleitet haben, in dem Kapitel 33, »Maries erstes eigenes Unternehmen«.

»Ich hatte Angst vor der Zeit als Rentner, das muss ich zugeben. Vermutlich würde ich (zu) viele Tag vor dem Fernseher verbringen, wenn ich Sie nicht getroffen hätte. Tausend Dank dafür, dass Sie mich auf meinem Weg begleitet haben. Reflektiert, mit vielen kreativen Ideen und wertvollen Übungen. Erst danach war ich endlich mutig genug, um zu tun, was ich mir immer am Herzen lag. Meine Frau und ich lieben unser Segelboot.«

Tatsächlich geht uns das Herz immer noch auf, wenn wir Fotos von unserem ehemaligen Coachee und seiner Frau erhalten. Sehen Sie sich Kapitel 34, »In Rente – und was jetzt?« an. Mehr müssen wir dazu gar nicht erklären.

»Ich werde meiner Freundin Ihr Coaching auch gerne empfehlen. Sie haben mein Problem sofort erkannt und mir mit viel Empathie und Erfahrung geholfen, eine Lösung zu finden.«

Diese Rückmeldung haben wir für eine Beratung erhalten, in der die Herausforderung tatsächlich gar nicht so einfach herauszuarbeiten war. Lesen Sie in Kapitel 19, »Abstand zur Familie« die Geschichte dazu.

»Ich habe es geschafft. Ich habe ›Nein‹ gesagt. Und mir geht es richtig gut dabei. Und das Beste daran: Ich bin bei dem ›Nein‹ gebliebbn«, so ein Coachee, dessen Team in unserem Training war.

Man könnte denken, dass Neinsagen, wie wir in unserem Kapitel 1, »In jedem Nein steckt ein Ja« erzählen, nur Menschen in ihrem Privatleben betrifft. Aber das ist ganz und gar nicht der Fall. Wir unterstützen regelmäßig Teams dabei, mit den Anforderungen im Zusammenspiel von Menschen und Organisationen gut umzugehen. Und tatsächlich spielt ein einfaches kleines »Nein« dabei manches Mal eine ganz große Rolle.

Das waren nur einige Beispiele unserer Arbeit. Unterteilt in die Kategorien »Gewohnheiten«, »Beziehungen« und »Arbeitswelt« werden wir Ihnen nun in 34 Kapiteln einige ganz typische Fälle aus unseren Coachings vorstellen. Alle Geschichten beruhen auf wahren Begebenheiten. Die Namen, bis auf »Chevy«, haben wir selbstverständlich geändert.

Das Kapitel »Warum lassen Sie sich antreiben?« haben wir als Extrakapitel angefügt, da wir – auch aus eigener Erfahrung – wissen, dass fast jedem Menschen mindestens ein Antreiber im Nacken sitzt. Erkennen Sie sich in einer der fünf Antreiber-Erzählungen wieder?

In **»RAUS AUS DEM SCHLAMASSEL«** bieten wir Ihnen neben bewährten Tipps und Übungen auch einzelne Fragestellungen an.

Wir möchten Ihnen dennoch kein Buch zum »Selbstcoaching« an die Hand geben, sondern Sie zur Reflexion einladen. Zu einer kleinen Auszeit, in der Sie wieder Kraft schöpfen können, um das Leben an der Sonnenseite zu genießen.

Wir möchten Ihnen ein paar Stunden schenken, in denen Sie Mut fassen und schmunzeln können, aber sicherlich auch ein paar traurige oder nachdenkliche Momente haben werden. In denen Sie sich selbst in den Mittelpunkt stellen.

Ein Wort noch zum Gendern. Auch wir haben uns natürlich Gedanken dazu gemacht. Sollen gerade wir als Autorinnen die weibliche Form in der Beschreibung vollkommen unberücksichtigt lassen? Das wäre wohl nicht in Ordnung. Also haben wir diskutiert. Mit Familie, Freundinnen und Freunden, Kolleginnen und Kollegen – und vor allem miteinander, denn nicht einmal wir zwei sind einer Meinung, wenn es um die Verwendung der Gendersprache geht. Aber letztlich haben wir uns geeinigt.

Und nun wünschen wir Ihnen von ganzem Herzen viel Spaß beim Lesen – und einige berührende und inspirierende Momente.

Halten Sie einen Augenblick inne und genießen Sie die Zeit, die Sie sich für sich selbst nehmen.

Ihre Susanne Ihlow und Sabine Ramsperger

Für unsere Lieben – auch die, die nicht mehr bei uns sein können ♡

In jedem NEIN
steckt ein JA

Kapitel 01

... wenn Sie Ihr Leben wieder selbst in die Hand nehmen wollen ...

»Katja, der Report für das Meeting morgen früh ist noch nicht fertig, aber ich muss meine Tochter von der Kita abholen. Könntest du ihn heute noch fertig machen? Bei dir geht das ja immer schnell.« – Na klar kann Katja das noch schnell machen. Sie kann auch in einen späteren Sportkurs gehen. Kein Problem.

»Jan, kannst du den Regeltermin mit unserem Kunden übernehmen? Mir zerschießt dieser Termin immer den ganzen Tag. Außer dir habe ich niemanden, der das übernehmen könnte!« – Natürlich kann Jan den täglich stattfindenden Termin übernehmen. Er kann seine anderen Termine ja umplanen. Kein Problem.

»Hallo Alexandra, was machst du heute Abend? Kann ich vorbeikommen? Mein Freund war wieder so ätzend heute, ich brauche dringend jemanden zum Reden!« – Alexandra hatte sich auf einen gemütlichen Abend auf dem Sofa gefreut. Mit ihrem neuen Roman, einer Tafel Schokolade und viel Ruhe. Aber wenn ihre Freundin sie braucht ... Klar kann sie auf den ruhigen Abend verzichten. Kein Problem.

Kein Problem?

Warum fühlen Sie sich dann so unwohl in dieser Situation? Jedes Mal, wenn Sie spontan Ihre Unterstützung zusagen. Oder eine zusätzliche Aufgabe übernehmen. Oder Ihre eigenen Pläne über den Haufen werfen. Ohne über die Konsequenzen für sich selbst nachzudenken. Ohne zu überlegen, ob Sie das wirklich wollen und ob es wirklich Ihre Aufgabe ist.

Hilfsbereitschaft ist eine liebenswerte Eigenschaft und wichtig für unser Miteinander. Jeder ist mal auf die Hilfe anderer angewiesen und es ist schön, sich darauf verlassen zu können, diese Hilfe auch zu bekommen. Es ist schön zu helfen. Wir fühlen dann, dass wir gebraucht werden – andere Menschen mögen uns wegen unserer Selbstlosigkeit.

Ja zu sagen erspart uns Diskussionen und Konflikte. Und wer mag die schon?

Warum bleibt dann trotzdem dieses ungute Gefühl im Magen?

Weil wir nicht über die Möglichkeit des Neinsagens nachdenken. Wenn wir »Nein« sagen, mögen uns die anderen vielleicht nicht mehr. Dann helfen sie uns auch nicht, wenn wir mal Hilfe brauchen.

Dann halten sie uns für zickig, unkollegial, denken, dass wir sie nicht mögen ...

Kommen Ihnen diese Gedanken bekannt vor? Dann sind Sie in guter Gesellschaft, solche Gedanken kennen viele von uns.

»Wer ›Nein‹ sagt, ist unfreundlich, kompliziert, egoistisch. Macht man halt nicht!« – Ist das tatsächlich so?

In unseren Coachings begegnen wir häufig Menschen, die

sich überfordert fühlen in ihrem Job, in ihrem beruflichen Umfeld. Im Verlauf des Coaching-Prozesses stellt sich dann heraus, dass es sich oft um sehr engagierte Mitarbeiter, Führungskräfte, Eltern, Vereinsmitglieder etc. handelt. Sie übernehmen Verantwortung und fühlen sich zuständig. Sie denken:»Wenn ich es nicht mache, wird es nicht richtig gemacht oder es bleibt liegen.« Und deshalb übernehmen sie jede zusätzliche Aufgabe, springen für andere ein und würden niemals jemanden zurückweisen, der um Hilfe bittet. Dafür werden sie gemocht.

Aber werden Sie auch respektiert? Und wo bleibt die Verantwortung gegenüber sich selbst?

Es geht nicht darum, grundsätzlich jede Bitte abzulehnen. Es geht darum, für sich zu entscheiden, ob, wann und wie viel Sie geben wollen. Es geht darum, dass Sie für sich selbst sorgen. Wer immer die Arbeit der anderen mit erledigt, hat weniger Zeit für die eigenen Aufgaben. Es kann sein, dass Ihre eigene Leistung darunter leidet. Es bleibt weniger Zeit für Sie selbst und alles Weitere, das Ihnen wichtig ist.

Eine bewusste Entscheidung braucht Zeit.

Um eine bewusste Entscheidung zu treffen, hilft es nicht, sofort wie aus der Pistole geschossen zu antworten. Bleiben Sie entspannt und nehmen Sie sich eine Bedenkzeit. So werden Sie nicht von Ihrer eigenen Hilfsbereitschaft überrollt und können in Ruhe abwägen, ob Sie Lust und Zeit haben und ob es sinnvoll ist, die Aufgabe zu übernehmen.

Folgende Reaktionen wären denkbar:

➤ »Ich muss erst mal in meinen Kalender sehen.«

- ➤ »Das kann ich gerade nicht entscheiden. Ich melde mich in 20 Minuten bei dir.«
- ➤ »Lass mich mal darüber nachdenken. Ruf mich bitte in einer Stunde noch mal an.«

Es ist völlig in Ordnung, auf eine Anfrage oder Bitte nicht sofort zu antworten, sondern sich Zeit zu nehmen, um eine bewusste Entscheidung zu treffen.

Seien Sie freundlich im Ton und klar in der Sache. Machen Sie der anderen Person keine falschen Hoffnungen, indem Sie »Vielleicht« oder »Ich werde sehen, was ich tun kann« sagen. Es sei denn, Sie meinen es auch so. Es ist besser, von Anfang an »Nein« zu sagen, als am Ende einen Rückzieher erklären zu müssen.

Gönnen Sie sich eine bewusste Entscheidung.

Alles ist erlaubt:

- ➤ Eine Alternative, zum Beispiel einen anderen Zeitpunkt, vorschlagen: »Heute Abend passt es bei mir nicht. Wie wäre es mit einem Mittagessen morgen?«
- ➤ Einen Kompromissvorschlag machen: »Ich bekomme das leider zeitlich auch nicht hin. Vielleicht können wir die Termine unter uns aufteilen?«
- ➤ Die Fortgeschrittenen können sich klar abgrenzen: »Nein, das möchte ich nicht. Das ist nicht meine Aufgabe/Verantwortung« oder »Darauf habe ich keine Lust.«
- ➤ Und natürlich können Sie auch weiterhin sagen: »Klar, gerne« – solange das wirklich der Fall ist.

Sie werden überrascht sein, wie gelassen und freundlich Ihr

Umfeld reagieren wird. Es ist völlig in Ordnung zu fragen – und ebenso erlaubt abzulehnen! Denn Ihre Bedürfnisse und Wünsche sind genauso wichtig wie die der anderen.

Vergessen Sie nicht: Sie sind für sich selbst verantwortlich!

Gestehen Sie Ihrem Umfeld eine kleine Umgewöhnungszeit zu, weil Sie nicht mehr ständig für alles zu haben sind. Und falls sich jemand deswegen von Ihnen zurückziehen sollte? Mal ehrlich, dann ist das nicht Ihr Problem. Sie haben so viel mehr zu bieten!

Abgrenzung und Verbindlichkeit stehen nicht im Widerspruch zu Engagement und Verantwortung.

Der nächste Schritt ist dann, auch beim »Nein« zu bleiben. Kürzlich sagte ein Teilnehmer im Coaching für Projektleiter: »Im Neinsagen sind wir alle ziemlich gut. Aber es dann auch durchzuhalten und nicht doch irgendwann nachzugeben, das fällt uns schwer.« Gerade bei wiederholtem Nachfragen, verbunden mit Komplimenten und dem Appell an die Hilfsbereitschaft, würden er und seine Kollegen sich immer wieder von ihrer einmal getroffenen Entscheidung abbringen lassen.

Beim »Nein« zu bleiben, schafft Transparenz und Verbindlichkeit.

➤ Eine bewusst getroffene Entscheidung, die auch beibehalten wird, schafft Verbindlichkeit und Stabilität. Als Projektleiter können Sie dadurch dafür sorgen, dass Ihr Team sich hinsichtlich der eigenen Rollen- und Aufgabenzuordnungen sicher fühlt.

➤ Es liegt in Ihrer Verantwortung, durch bewusste Abgrenzung Ihre Kapazitäten zu sichern, um den eigenen Aufgaben gerecht zu werden und sich gleichzeitig vor Überlastung zu schützen.

➤ Bedenken Sie, dass es auch zu Ihrer Rolle gehören kann, Ihre Kollegen, Mitarbeiter oder Familienmitglieder abzugrenzen und zu schützen.

Wenn Sie sich diese Aspekte bewusst machen, ändert sich Ihre Haltung zum Neinsagen. Denn letztendlich ist jedes »Nein« ein »Ja« zu etwas anderem.

»Nein, ich kann deine Aufgabe nicht miterledigen« erzeugt gleichzeitig ein »Ja, ich habe genügend Zeit für meine eigenen To-dos«.

»Nein, wir können uns heute Abend nicht treffen« kann ein »Ja, ich genieße einen ruhigen Abend mit meinem Buch« bedeuten.

In diesem Sinne: Ja zum Nein.

Viel Erfolg beim Ausprobieren!

Zum Ausfüllen

Wann habe ich mich das letzte Mal geärgert, dass ich nicht »Nein« gesagt habe?

zum Ausfüllen

Welches »Ja« hätte hinter meinem »Nein« gestanden, wenn ich die Bitte abgelehnt hätte? Was hätte ich in der gewonnenen Zeit gerne getan?

....

....

....

Welche Gefühle und Gedanken haben mich daran gehindert, »Nein« zu sagen?

....

....

....

Welche Alternativen für ein »Nein« hätte ich anbieten können?

....

....

23

Jeden Abend
Sofa, Chips &
Rotwein?

Kapitel 02

... wie Sie Ihren Feierabend bunter gestalten können ...

Jenny schloss die Tür auf, was gar nicht so einfach war mit der Laptoptasche in der einen und den Einkaufstüten in der anderen Hand. Sie verstaute die Einkäufe im Kühlschrank, schnappte sich die Chipstüte und ein Glas Rotwein und kuschelte sich auf ihr urgemütliches Sofa. Fernseher an – der entspannte Teil des Tages konnte beginnen.

So wie jeden Abend, wenn sie ehrlich war. Etwas frustrierend war das schon.

Aber sie wusste nicht genau, wie sie es ändern sollte. Sie war einfach zu erschöpft, wenn sie von der Arbeit nach Hause kam. Als Single hatte sie auch keine Lust, nur für sich alleine zu kochen. Außerdem hatte sie sowieso schon mittags in der Kantine gegessen. Ein paar Chips zum Knabbern würden also reichen.

Jenny zappte durch das TV-Programm. Es kam nichts Vernünftiges, war ja klar. Vermutlich würde sie bald vor dem Fernseher einschlafen – und irgendwann nachts mit Nacken- und Rückenschmerzen aufwachen und ins Bett umziehen.

Am nächsten Tag würde sie sich über die vergeudete Zeit vor der Flimmerkiste wieder einmal ärgern.

Wenn also der Sofaabend sein muss – und ja, er muss und darf sein, nur nicht permanent –, dann vielleicht so:

➤ Gesunde Snacks auswählen

Fettige und zuckerhaltige Snacks machen süchtig und träge; gesündere Snacks wie Gemüsesticks mit Dip oder frisches Obst können auch richtig lecker sein.

➤ Bewegung einbauen

Testen Sie in den Werbepausen ein paar kleine Fitnessübungen, zum Beispiel Sit-ups, Kniebeugen und Ausfallschritte.

➤ Abendroutine überdenken

Warum nicht einmal ein Buch lesen oder Musik hören – und den Fernseher gar nicht erst anstellen?

➤ Bewusst genießen

Fernsehabende sollten nicht zur Routine werden, aber wenn Sie sich dafür entscheiden, dann genießen Sie Ihren Fernsehabend auch ganz bewusst – zum Beispiel mit einem richtig guten Film.

➤ Alternativen finden

Motivieren Sie sich immer mal wieder dazu, Sofa und Fernseher sich selbst zu überlassen und stattdessen Freunde zu treffen, Sport zu machen oder ein Do-it-yourself-Projekt zu starten. Verabreden Sie sich direkt im Anschluss an die Arbeit. Dann kann Ihre Couch Sie gar nicht erst in Versuchung führen.

Zum Ausfüllen

Was würde ich gerne einmal nach der Arbeit machen, außer auf dem Sofa zu sitzen und den Fernseher anzustellen?

....

....

Brauche ich dafür Material, zum Beispiel zum Basteln oder Malen, oder Motivation, zum Beispiel einen Sportkurs mit Fitnesstrainer?

....

....

....

Möchte ich mich dafür mit anderen Menschen verabreden, zum Beispiel mit Freundinnen zum Cocktailabend? Wen würde ich gerne treffen?

....

....

....

Im Hamsterrad der Grübeleien

Kapitel 03

... wie Sie Ihre Gedanken zum Schweigen bringen ...

Was für ein Schlamassel!

Leonie fuhr sich durch ihr müdes Gesicht. Die halbe Nacht hatte sie wach gelegen und gegrübelt. Mal wieder. Ihr ging das Meeting mit ihrem wichtigsten Kunden letzte Woche nicht aus dem Sinn. Sie hatte ihm und seinem Team die neue Marketingstrategie präsentiert.

Er hatte sich alles ruhig angehört und dann seinem Kollegen in der anschließenden Diskussion etwas zu laut zugeraunt: »Na, da lehnt sie sich ganz schön weit aus dem Fenster.«

Dieser Kommentar hatte sie schon im ersten Moment irritiert, aber sie war darüber hinweggegangen. Erst auf dem Nachhauseweg im Auto war er ihr wieder eingefallen und seitdem ging er ihr nicht mehr aus dem Kopf. Sie hat mit ihrem Mann darüber gesprochen, der dem Ganzen keine große Bedeutung beigemessen und versucht hat, sie zu beruhigen. Aber sie ließ der Gedanke nicht los, dass der Kunde ihr damit etwas hatte sagen wollen.

Gefiel ihm die Kampagne nicht?

War sie zu forsch aufgetreten und hatte er sie deswegen maßregeln wollen?

Was, wenn er ihr den Auftrag wegnehmen wollte?

Er war ihr größter und wichtigster Kunde, wie sollte sie diese Umsatzlücke schließen? Hätte sie die Präsentation anders aufbauen sollen? Hat sie die Fragen nicht professionell beantwortet? Hätte sie doch besser nicht den grauen Hosenanzug angezogen – viel zu steif! Die Kombination wäre viel passender gewesen.

Morgens um 4 Uhr hatte ihre Gedankenspirale dann richtig Fahrt aufgenommen. Ein Horrorszenario nach dem anderen zog vor ihrem inneren Auge vorbei – und die vielen »Hätte ich dieses oder jenes doch anders gemacht« wirbelten durch ihren Kopf.

Bei der ersten Tasse Kaffee am nächsten Morgen erkannte sie, wie haltlos und übertrieben ihre Befürchtungen waren und dass sie natürlich im Nachhinein nichts ändern konnte. Im morgendlichen Familientrubel blieb keine Zeit für negative Grübeleien. Als sie in ihrem Auto saß, allein mit sich und ihren Gedanken, ging es wieder los. Wie der Kunde sie angesehen hat. Hat er nicht an einer Stelle die Augen zusammengekniffen? Was bedeutete das?

Sie überfuhr fast eine rote Ampel, weil sie so in ihre Gedanken versunken war. Nur das Hupen eines anderen Autofahrers bewahrte sie vor der Katastrophe.

Genervt von sich selbst und ihren lähmenden Gedanken erreichte Leonie ihr Büro. Mit einer Tasse Kaffee setzte sie sich an ihren Schreibtisch und beschloss: Das muss aufhören!

 Schreiben Sie Ihre Gedanken auf und entlasten Sie dadurch Ihren Kopf.

Entschlossen schnappte sie sich ihr iPad und begann, alle Gedanken, die sie in der Nacht wachgehalten und auf der Autofahrt abgelenkt hatten, aufzuschreiben. Die Wörter strömten nur so aus ihr heraus; nach 15 Minuten legte sie erschöpft ihren Stift zur Seite. Ihr Kopf war angenehm leer. Gerade noch rechtzeitig wählte sie sich in das erste Meeting des Tages ein.

 Ablenkung ist erlaubt!
Verdrängen nicht.

Als sie Stunden später ihr Headset ablegte und sich durch die Haare fuhr, fiel ihr auf, dass sie den ganzen Tag nicht an das Meeting und ihren unzufriedenen Kunden gedacht hatte. Auf dem Weg zu ihrem Sportkurs prasselten die Gedanken wieder auf sie ein. Leonie stellte das Autoradio an, um sich abzulenken. Da wurde gerade eines ihrer Lieblingslieder aus den 8oer-Jahren gespielt. Lauthals sang sie den Text mit und war erstaunt, dass sie ihn immer noch kannte. Kein trüber Gedanke hatte Platz in ihrem Kopf während der Autofahrt.

 Sport und körperliche Aktivität heben die
Stimmung.

Auch während sie im Zumba-Kurs konzentriert den Schritten der Trainerin folgte und anschließend in der Sauna schwitzte, ließen sich die Grübeleien nicht blicken.

 Treffen Sie Freunde und achten Sie darauf, nicht
gemeinsam weiter zu grübeln!

Als sie nach dem Sport mit ihren Freunden zusammensaß, genoss sie das gute Gefühl, etwas für sich getan zu haben, und ließ sich von der guten Laune ihrer Freunde anstecken. Es war ein angenehmer, leichter Abend, an dem viel gelacht wurde und keine Probleme gewälzt wurden.

Lassen Sie die Grübeleien nur für einen bestimmten Zeitraum (Wecker!) und an einem bestimmten Ort zu.

Als Leonie später im Bett lag, begannen ihre Gedanken wieder wie von selbst um das unsägliche Meeting und die rätselhafte Bemerkung ihres Kunden zu kreisen.

Leonie hatte keine Lust, eine weitere schlaflose Nacht zu verbringen. Also stand sie wieder auf, kochte sich eine Tasse Tee und setzte sich an den Küchentisch.

Sie vereinbarte mit sich selbst, dass sie jetzt 15 Minuten grübeln und dann wieder ins Bett gehen würde, um tief und fest zu schlafen.

Zur Unterstützung holte sie ihre Notizen vom Morgen heraus und sah sie noch einmal durch. Hier und da ergänzte sie etwas und stellte fest, dass die ganze Grübelei zu keinerlei neuen Erkenntnissen geführt hatte.

 Suchen Sie nach Lösungen:
Was können Sie unternehmen?

Leonie fragte sich:»Was kann ich machen? Wie kann ich die Situation auflösen?« Dabei lag die Lösung auf der Hand. Sie würde den Kunden morgen ganz einfach anrufen und ihn fragen, ob er schon Gelegenheit gehabt hat, sich ihre Ideen durch den Kopf gehen zu lassen, und ob er eventuell noch Fragen dazu hätte. So hätte er die Möglichkeit, seine Bedenken zu äußern, falls es denn tatsächlich welche gäbe.

Und sie hätte die Möglichkeit, seine Bedenken zu zerstreuen. Sie war schließlich eine gestandene Frau.

Egal, wie unangenehm die Rückmeldung des Kunden sein mochte, nach dem Gespräch wüsste sie wenigstens, woran sie war. Und könnte sich dann überlegen, wie sie damit umgeht.

Vielleicht täuschte sie sich auch, und es gab gar kein Problem. Wenn sie ihren Kunden nicht darauf ansprach, würde sie es nie wissen!

Erleichtert und optimistisch ging Leonie ins Bett. Sie hatte einen Plan! Und mit diesem Gedanken fiel sie in einen entspannten Schlaf.

Wie sehen Sie denn aus?

Kapitel 04

... warum den ersten Eindruck verschenken ...?

So ganz freisprechen kann sich davon wohl niemand: Eine fremde Person kommt beim Kundengespräch, beim Vorstellungsgespräch oder bei einer Feier auf uns zu – und wir bilden uns einen ersten Eindruck aufgrund ihres äußeren Erscheinungsbildes: Tritt die Person selbstbewusst oder unsicher auf? Welche Kleidung trägt sie? Was sagt die Körpersprache über sie aus?

Das hört sich furchtbar oberflächlich an, aber Aussehen und Auftreten nehmen sowohl im Privatleben als auch im beruflichen Kontext eine wichtige Stellung ein.

Unternehmenskultur @ Kleiderordnung

Eine der weltweit größten Wirtschaftsprüfungsgesellschaften hatte eine Stelle als Assistentin eines Partners ausgeschrieben. Sandys Bewerbungsunterlagen waren sehr gut, und sie wurde zu einem Vorstellungsgespräch eingeladen.

Die Kleiderordnung einer Wirtschaftsprüfungsgesellschaft, das ist kein Geheimnis, ist in der Regel »Business«. Natürlich hängt es davon ab, ob Mandantenkontakt besteht. Und an einem Casual Friday kann die Kleidung deutlich legerer ausfallen. Aber in der Regel versteht man darunter den klassischen Business-Look: Männer im dunklen Anzug mit Hemd und Krawatte, Frauen tragen einen Hosenanzug oder ein Kostüm.

Sandy geht bestens gelaunt und optimistisch zu dem Vorstellungsgespräch, und zwar in rosa Flipflops, einem pinkfarbenen T-Shirt und Jeans. Nach diesem ersten Eindruck war klar, dass sie keine Chance hatte, eingestellt zu werden, mochten ihre beruflichen Qualifikationen auch noch so gut sein.

Hätte Sandy sich in einem Surfer-Shop beworben, wäre ihr Outfit cool und passend gewesen. In einer renommierten Wirtschaftsprüfungsgesellschaft wirkte es wie ein kleiner Affront. Es zeigte deutlich, dass sie sich mit dem Unternehmen im Vorfeld nicht auseinandergesetzt hatte. Zudem ist zu vermuten, dass Sandy sich in dem Arbeitsumfeld langfristig nicht wohlgefühlt hätte.

 Eruieren Sie im Vorfeld, welcher Beruf und welches Unternehmen zu Ihnen passt. Sind Sie kreativ, karriereorientiert, sehr emotional, strukturiert, familienorientiert etc.? Ihre Persönlichkeit und Ihre Ziele sollten zu Job und Unternehmenskultur passen, um dauerhaft zufrieden und glücklich zu sein.

Gibt Ihr Aussehen und Auftreten Ihnen Selbstbewusstsein?

Wer mit seinem Aussehen und Auftreten zufrieden ist, wird sich gut fühlen und Selbstvertrauen ausstrahlen.

Gerade im Berufsleben kommt es immer mehr auf ein angemessenes, souveränes Auftreten an. Aber auch im Privatleben öffnet ein freundliches, selbstbewusstes Auftreten viele Türen. Nicht nur Charisma und innere Werte, sondern auch das äußere Erscheinungsbild kann bei anderen Menschen einen positiven und sympathischen Eindruck hinterlassen.

Umso wichtiger ist es, dass Sie wissen, wie Sie einen eigenen Stil entwickeln und Ihre Körpersprache analysieren.

 Testen Sie ruhig einmal, wie Sie auf andere wirken. Dadurch erhalten Sie viele wertvolle Hinweise über Ihre eigene Körpersprache. Um herauszufinden, wie Sie sich darstellen, gibt es mehrere Wege:

➤ Schauen Sie sich im Spiegel und auf Fotos an. Kritisieren Sie positiv und konstruktiv, aber nie abwertend, und vergessen Sie nicht, sich zu loben.

➤ Bitten Sie vertraute Personen, Ihre Körpersprache bewusst zu beobachten und Ihnen dazu ehrliche und freundliche Rückmeldung zu geben.

➤ Nehmen Sie ein Gespräch auf Video auf und analysieren Sie im Anschluss Ihre Körpersprache. Bestimmt fallen Ihnen dabei einige typische Fehler, aber auch sehr positive Verhaltensweisen auf.

Nun können Sie entscheiden, welche Aspekte Ihrer Körpersprache bleiben sollen und welche Sie ändern möchten.

Treten Sie authentisch auf?

Aussehen und Auftreten beeinflussen, wie ein Mensch wahrgenommen wird. Und Sie wollen und sollen so wahrgenommen werden, wie Sie sind. Glaubwürdig, ehrlich, echt. Warum etwas anderes vorspielen, wenn die Wahrheit irgendwann doch ans Licht kommt?

Mit dem äußeren Erscheinungsbild können Überzeugungen, Werte und Motivationen ausgedrückt werden. Wenn

Sie authentisch auftreten, geben Sie Ihrem Gegenüber die Chance, einiges über Sie zu erfahren. Verkleiden Sie sich nicht, stehen Sie zu sich selbst und Ihrem Look.

 Tragen Sie etwas, weil Sie sich darin wohlfühlen und nicht, weil Sie etwas darstellen wollen.

Wenn Sandy sich »verkleidet« hätte, wäre sie eventuell eingestellt worden, aber sehr wahrscheinlich nicht glücklich geworden. Darum hat sie zwar nicht mit ihrer Vorbereitung auf das Unternehmen, aber zweifellos mit ihrem Auftreten und ihrer Kleiderwahl alles richtig gemacht.

Ein weiteres Beispiel ist ein Oberbürgermeisterkandidat, der sich der wählenden Bevölkerung vorstellt. Dieser wird seinen künftigen Führungsstil bereits mit der gewählten Kleidung und Körpersprache offenlegen: Steht er sehr ehrgeizig im Dreiteiler mit vorgeschriebener Rede auf einem Podest mit Redepult oder bietet er den Dialog in Jeans und Hemd an, die Getränkekisten im Gepäck, um eine möglichst entspannte Atmosphäre entstehen zu lassen, die eine starke Bürgernähe repräsentieren soll?

Passt Ihr Aussehen und Auftreten zu Ihrem Gegenüber?

Der äußere Eindruck ist nicht nur im beruflichen Kontext, wie in Vorstellungsgesprächen oder im Wahlkampf eines Bürgermeisters, ein wichtiges Thema, sondern auch im Privatleben. Sehen wir uns Ina und Frank an. Sie hatten ein Blind Date.

Ina saß schon am Tisch, im blumigen Rock mit farbig passender und kurz vor dem Treffen noch aufgebügelter Bluse, die Haare liegen in luftigen Locken um das dezent geschminkte Gesicht. Sie hat sich Mühe gegeben, sich auf das Date vorbereitet.

Hereinspaziert kam Frank, ein Rocker-Typ mit längerem Haar, einigen Tattoos und dem frisch gewaschenen, aber vermutlich noch nie gebügelten T-Shirt mit silbernem »wild and free«-Aufdruck, die Lederjacke lässig über die Schulter geworfen. Auch er hat sich auf das Date vorbereitet, sein Lieblingsshirt aus dem Schrank geholt und die Harley gewienert.

Bevor die beiden sich austauschen konnten, war eigentlich klar, dass sie genau das im wörtlichen Sinne am liebsten sofort tun würden – gegen jemanden, der besser zu ihnen passt.

 Nehmen Sie das Leben mit Humor. So einen coolen Rocker hätten Sie sonst nicht kennengelernt. Lassen Sie sich eine Fahrt auf der Harley auf gar keinen Fall entgehen!

Michel geht
schwimmen

Kapitel 05

... auch ein Tomatensalat kann zum Ziel führen ...

Angefangen hatte es tatsächlich beim Feierabendbier. Michel saß mit seinem Freund Claus beim wohlverdienten Kölsch. Als er aufstand, um eine neue Runde an der Theke zu holen, schnappte er hörbar nach Luft und fasste sich an seinen Rücken. Oha, das hatte wehgetan. Claus hat das mitbekommen und ihn darauf angesprochen.

Michel erzählte, dass sein Rücken in stressigen Zeiten immer mal wieder zwicke, er es aber gerade in diesen arbeitsreichen Wochen nicht zum Sport schaffe und ehrlicherweise auch keine Lust darauf habe. Er liege dann abends lieber vor dem Fernseher (siehe Kapitel 2, »Jeden Abend Sofa, Chips, Rotwein?«).

Claus nickte verständnisvoll. Dann musterte er Michel und sagte ihm schonungslos auf den Kopf zu, dass er inzwischen auch ein paar Kilos zu viel mit sich herumtrug. »Schön, wenn man solche Freunde hat«, schoss es Michel durch den Kopf, »dann brauchst du keine Feinde.« Aber Claus hatte ja recht. Wenig Bewegung, viele Fertiggerichte und zu viel Sofa hatten ihre Spuren hinterlassen.

Plötzlich strahlte Claus ihn an: »Ich weiß, was wir machen!

Lass uns mal wieder schwimmen gehen! Weißt du noch, welchen Spaß wir damals hatten und wie gut wir uns danach gefühlt haben?«

Ja, daran konnte Michel sich erinnern. Er erinnerte sich an Bahnen um Bahnen, die sie gemeinsam während ihrer Ausbildungszeit gezogen hatten. Und an das gute Gefühl danach.

Gesagt – getan. Die beiden Freunde trafen sich ein paar Tage später im Schwimmbad. Michel genoss es, durch das kühle Wasser zu gleiten und zu spüren, wie sein Körper sich kraftvoll bewegte. »Weißt du was, nächste Woche fahren wir raus zum See«, schlug er seinem Freund Claus bei der anschließenden Saftschorle vor. Auf Bier hatten sie beide keine Lust gehabt.

Am nächsten Tag fuhr Michel, wie immer, mit der Bahn nach Hause. In Gedanken noch bei seinem letzten Kundentermin merkte er erst zu spät, dass er eine Haltestelle zu früh ausgestiegen war.

»Was soll's«, dachte er, »dann gehe ich die restliche Strecke zu Fuß. Es ist so ein schöner Tag.« Er musste lächeln. Das war ihm noch nie passiert.

Und tatsächlich fühlte es sich gut an, die frische Luft zu atmen und seine Gedanken beim Gehen zu sortieren. Dann entdeckte er den kleinen Gemüsehändler an der nächsten Ecke. Der war ihm noch nie aufgefallen. Die Tomaten sahen gut aus, schön dunkelrot. Daneben lagen gelbe und grüne Tomaten, sogar in unterschiedlichen Formen. Spontan beschloss Michel, sich heute einen frischen Tomatensalat zu machen. Mit Zwiebeln. Mmh, das würde gut werden. Am besten nahm er auch gleich ein paar Zucchini und Paprika für morgen mit.

In der darauffolgenden Woche war Michel gerade dabei, seinen Rechner herunterzufahren, um sich mit Claus am See zu treffen. Da erschien der Kopf seiner Kollegin in der Tür: »Michel, kannst du dem Praktikanten bitte noch schnell zeigen, wie er seine Stunden im System buchen kann? Dann kann er es morgen gleich selbst eintragen.«

Michel stutzte kurz, dann schüttelte er den Kopf. »Tut mir leid, heute schaffe ich das nicht mehr. Ich habe jetzt einen Termin. Aber ich kann es ihm morgen früh als Erstes erklären.«

Dankbar sah seine Kollegin ihn an. »Ja, prima, das reicht auch. Danke dir.«

Freundschaftlich plaudernd verließen sie gemeinsam Michels Büro.

➤ Finden Sie ihre Sportart

Es gibt mehr als Joggen, Yoga, Fußball und Pilates. Was haben Sie als Kind gerne gemacht? Was halten Sie von Kung-Fu? Tanzen? Basketball?

➤ Werden Sie aktiv

Melden Sie sich zu einem Schnuppertraining oder einem Einsteigerkurs an. Testen Sie verschiedene Angebote.

Wann immer Sie den Impuls haben, sich zu bewegen – tun Sie es und seien Sie stolz auf sich!

Stehen Sie zum Beispiel während der Arbeit einfach mal auf und dehnen Ihren Rücken, gehen Sie zu Fuß, anstatt den

Wagen oder die Bahn zu nehmen, oder beginnen Sie den Tag mit 15 Minuten Stretching. Es gibt unendlich viele Möglichkeiten.

➤ Gönnen Sie sich frische, selbst zubereitete Mahlzeiten

Achten Sie beim Einkauf der Zutaten auch auf den Zuckergehalt der Nahrungsmittel, die Sie auswählen. Einige Lebensmittel werden Sie garantiert überraschen.

➤ Nehmen Sie sich und ihre Bedürfnisse ernst und geben Sie ihnen eine hohe Priorität!

Es lohnt sich, für die eigenen Bedürfnisse einzutreten. Sie finden dazu auch im Kapitel 1, »In jedem Nein steckt ein Ja« und im Extrakapitel »Warum lassen Sie sich antreiben?« einige Tipps.

Was halte ich eigentlich von mir, wenn ich nicht einmal eine Stunde am Tag für mich habe?

Himmelskönige

Kapitel 06

... weil es das Leben schöner macht, auch kleine Ziele groß zu feiern ...

Daniel und Pascal haben ein Ziel vor Augen: Sie wollen den Berg besteigen, dessen Gipfel auf 2.700 m Höhe liegt.

Daniel: »Ich will den Berg besteigen. Das Gipfelkreuz auf 2.700 m, das ist mein Ziel.« Nach 2.500 m musste Daniel sich auf den Rückweg machen, weil die Schmerzen in der Achillessehne zu stark wurden. Er hatte aus seiner Sicht keinerlei Erfolg, sondern ausschließlich Misserfolg. Dementsprechend war er komplett frustriert und höchst unzufrieden.

Pascal: »Ich will den Berg besteigen. Bei 1.000 m will ich Fotos machen, darauf freue ich mich jetzt schon. Bei 1.500 m will ich gemütlich picknicken und mich über die wunderbare Aussicht freuen; mir die Zeit nehmen, um über Gott und die Welt nachzudenken. Bei 2.000 m will ich über Nacht campen und die Stille genießen. Ich werde schon dann furchtbar stolz auf mich sein, dass wir es so weit geschafft haben.«

Bei 2.500 m hat Pascal sich mit Daniel auf den Rückweg gemacht – mit vielen Erfolgserlebnissen im Gepäck. Er war überwältigt von den Eindrücken und sehr glücklich. Auch wenn er den Gipfel nicht erreicht hat.

***

Bereits ein halbes Jahr vor der geplanten Bergbesteigung hatten Daniel und Pascal ihren Freundinnen von ihrem Plan erzählt, an einem verlängerten Wochenende im September die anspruchsvolle Bergtour in Angriff zu nehmen. Sie hatten einen Berg ausgewählt, dessen Besteigung nicht nur den absoluten Profis vorbehalten, aber trotzdem eine Herausforderung für die sportlichen Freunde war. Dann hatten sie die Vorbereitungen für das Abenteuer getroffen, sich feste Bergschuhe, eine gute Klettersteigausrüstung, ein Expeditionszelt und sicherheitshalber auch Helme zugelegt.

 Setzen Sie sich Ziele, die klar definiert, objektiv nachvollziehbar und mit einer Zeitplanung hinterlegt sind. Für die Planung ist es immer hilfreich, sich Ziele aufzuschreiben. Bei der konkreten Formulierung fällt es Ihnen leichter zu überprüfen, ob Ziele durchdacht und erreichbar sind – und wo Hürden liegen könnten, die es zu überwinden gilt.

Da Pascal sich der Herausforderung bewusst war, hat er versucht, die Besteigung des Berges in kleinere und aus seiner Sicht erreichbare Ziele zu unterteilen. Seine Zwischenziele, die er an unterschiedlichen Höhenmetern festgemacht hat, haben ihn sehr motiviert.

„Ganz sicher bin ich nicht, ob wir das Gipfelkreuz erreichen oder ob es illusorisch ist. Wobei das für mich auch gar nicht so wichtig ist", erklärt Pascal seinem Freund Daniel. „Ich möchte zwar das große Ziel vor Augen haben, aber ich muss es nicht unbedingt in diesem Jahr erreichen. Vor allem möchte ich mit dir in unserem Urlaub eine richtig schöne Zeit haben."

„Aber was soll das dann?", entgegnet Daniel kopfschüttelnd, „wenn du dir ein Ziel setzt, musst du es doch auch erreichen. Alles andere macht keinen Sinn."

Seien Sie nicht unnötig anspruchsvoll sich selbst gegenüber, sondern bleiben Sie realistisch.

Auch wenn es verlockend sein mag, sich möglichst hohe Ziele zu setzen, um sich selbst anzuspornen, besteht die Gefahr, dass Sie das ganz hohe Ziel nicht erreichen. In diesem Fall können sich Frustration und Selbstzweifel breit machen. Lesen Sie hierzu einmal das Extrakapitel „Warum lassen Sie sich antreiben?".

„Ich bleibe lieber flexibel", dachte Pascal. „Wenn wir es in diesem Jahr nicht schaffen, dann eben im nächsten oder übernächsten Jahr. Und sollte der geplante Stopp für das Picknick nicht so schön sein wie erhofft, gehen wir einfach ein kleines Stückchen weiter. Wir finden schon ein nettes Plätzchen. Es gibt mehrere tolle Routen!" Pascal wünschte sich, dass Daniel sich nicht immer so sehr unter Druck setzen würde. Er wollte seinen Freund nicht frustriert, sondern glücklich und zufrieden sehen.

 Es ist immer hilfreich, sich ein langfristiges Ziel zu setzen, um die Richtung vorzugeben. Kleine und erreichbare Zwischenziele haben den Vorteil, dass Sie durch diese kontinuierlich motiviert werden.

Bleiben Sie flexibel, indem Sie sich trotz konkreter Ziele immer die Möglichkeit geben, ein Ziel sowie den Weg dorthin dynamisch anzupassen.

Und vor allem: Lassen Sie den Stolz auf Erreichtes zu. Feiern und genießen Sie jedes einzelne Erfolgserlebnis! Egal, wie klein der Erfolg gewesen sein mag. Selbst winzige Erfolgserlebnisse steigern das Selbstbewusstsein, geben Ihnen Kraft und zeigen, was Sie erreicht haben und künftig schaffen können.

Welches große, langfristige Ziel habe ich?

....

....

....

In welche kurz- und mittelfristigen Zwischenziele kann ich meinen Weg unterteilen? Sind diese Ziele realistisch? Kann ich eine Zeitplanung dafür erstellen?

....

....

....

Gibt es möglicherweise Hürden, die ich überwinden muss? Wie kann ich mich darauf vorbereiten?

....

....

....

zum Ausfüllen

Woran werde ich merken, dass ich ein Ziel erreicht habe?

....

....

....

Was macht mich besonders glücklich oder zufrieden, wenn ich ein Ziel erreicht habe?

....

....

....

Möchte ich ein Erfolgstagebuch anlegen, damit ich in einiger Zeit nachvollziehen kann, welche Ziele ich erreicht habe?

....

....

....

Stress lass nach

Kapitel 07

... wie Sie Ihre Aufträge sortieren und endlich entspannen können ...

Peter stand vor seinem Kleiderschrank und suchte nach dem blaugrünen Polohemd, das er heute ins Büro anziehen wollte. Auf der Suche fiel ihm ein ganzer Stapel Hemden entgegen, den er entnervt auf sein Bett legte. Da, ganz hinten, hinter den Pullovern hatte er etwas Blaugrünes gesehen. Bei näherem Hinsehen erkannte er seine Sporttasche, die er wohl mal in den Schrank gequetscht hatte.

Der Schrank quoll aus allen Nähten. Nie fand er, was er suchte. Und die Jeans, die er sich gestern gekauft hatte, passte unmöglich noch hinein. Es war kein Platz. »Ich muss wirklich mal ausmisten«, dachte Peter bei sich. »Das ist ja furchtbar. Seit zehn Minuten suche ich das Shirt. Ich habe wirklich keine Zeit für so was!«

Ach ja, keine Zeit. Genau, er musste los! Auf dem Weg zur Arbeit musste er noch schnell bei der Schwiegermutter vorbei und die kaputte Glühbirne auswechseln. Das passte ihm zwar gar nicht, aber was sollte er machen? Das erwartete die ältere Dame eben von ihrem Schwiegersohn. Ihr Standardsatz in solchen Situationen war: »Ach Peter, sei ein guter Schwiegersohn und mach dies, mach das.« Er schüttelte den Kopf. Was soll's.

Danach würde er die Präsentation der neuen Kollegin checken. Sie hatte ihn gestern Abend noch um Hilfe gebeten. Klar war er gerne ein guter Kollege und half. Das konnte nicht so lange dauern, und er würde es schon noch rechtzeitig schaffen, die Informationen zusammenzustellen, um die ihn der neue Kunde gebeten hatte. Oder? Das würde ein stressiger Vormittag werden.

Natürlich hatte alles länger gedauert als geplant. Die Schwiegermutter hatte keine passende Birne zuhause gehabt, und er musste rasch im Baumarkt eine besorgen. Im Büro kam er zu spät zu dem Termin mit der Kollegin. Ihre Präsentation hatte er komplett überarbeitet, dann aber nicht mehr genügend Zeit gehabt, sich angemessen auf seinen Kundentermin vorzubereiten. Der Kunde war nicht begeistert gewesen, und auch sein Chef hatte anschließend einen kritischen Kommentar für ihn gehabt.

Peter schloss seine Augen, atmete kurz durch und hatte plötzlich seinen Kleiderschrank vor Augen. Zu voll, zu unstrukturiert und zu wenig Übersicht. So fühlte sich sein Leben auch gerade an. Der heutige Vormittag war nur ein Beispiel in einer Reihe hektischer, fremdbestimmter Tage.

»Aufräumen!«, schoss es ihm durch den Kopf. »Das ist es, was ich machen werde. Sowohl meinen Kleiderschrank als auch meine übervollen Tage. Ja, meine neue Jeans soll in den Schrank passen, und ich möchte auch wieder Platz in meinem Alltag haben für Spontanität und die Themen, die mir wichtig sind!«

Zum Aufräumen des Kleiderschrankes sind auf YouTube zahllose Erklärvideos zu finden. Beim Aufräumen Ihres zu vollen Tages können wir helfen.

Peters Vormittag ist ein schönes Beispiel dafür, wie wir Aufträge ausführen, die uns von anderen – wie der Schwiegermutter – oder von uns selbst – ich möchte ein guter Kollege sein – gegeben werden. Manche Aufträge nehmen wir bewusst an, manche unbewusst.

Peter wandte sich mit seinem Anliegen an uns, um seine Gedanken zu ordnen. In einem vierstündigen Coachingtermin unterstützten wir ihn dabei, Übersicht und Klarheit in seiner komplexen Situation zu finden. Er stellte überrascht fest, wie viele Aufträge er (un-)bewusst tagtäglich versuchte zu erfüllen und wie sich das »Auftragskarussell« in seinem Kopf unaufhörlich drehte.

Er fühlte sich regelrecht erschlagen von den zahlreichen Aufträgen, die er sich selbst gab oder die er von anderen annahm. Im Laufe des Prozesses konnte er für sich selbst klären, welche dieser Aufträge für ihn von Bedeutung waren.

Wir erarbeiteten Wege, wie er Aufträge ablehnen oder neu verhandeln konnte. Wichtig ist auch hier wieder einmal das Kapitel 1,»In jedem Nein steckt ein Ja«. Am Ende der vier Stunden meinte Peter erschöpft und euphorisch gleichzeitig: »Und morgen ist mein Kleiderschrank dran!«

Ach – und noch etwas:

Wenn Ihre Aufträge beinhalten, ausschließlich selbst gebackenen Kuchen zur Schulfeier und zu allen anderen Veranstaltungen mitzubringen, Kohlrabi nur mit handgeschnitzten Gesichtern aufzutischen, nicht nur Ihre Kinder zum Fußballtraining und Reitunterricht zu bringen, sondern auch alle Nachbarskinder einzusammeln, im Job zusätzliche Aufgaben zu übernehmen, um andere zu entlasten und lieb gehabt zu werden, einen perfekten Haushalt zu haben ebenso wie einen wohlerzogenen Hund und – nicht zu vergessen – immer und jederzeit den Ehemann zu unterstützen ... dann könnte der Antreiber »MACHE ES ALLEN RECHT« im Extrakapitel »Warum lassen Sie sich antreiben?« sehr interessant für Sie sein!

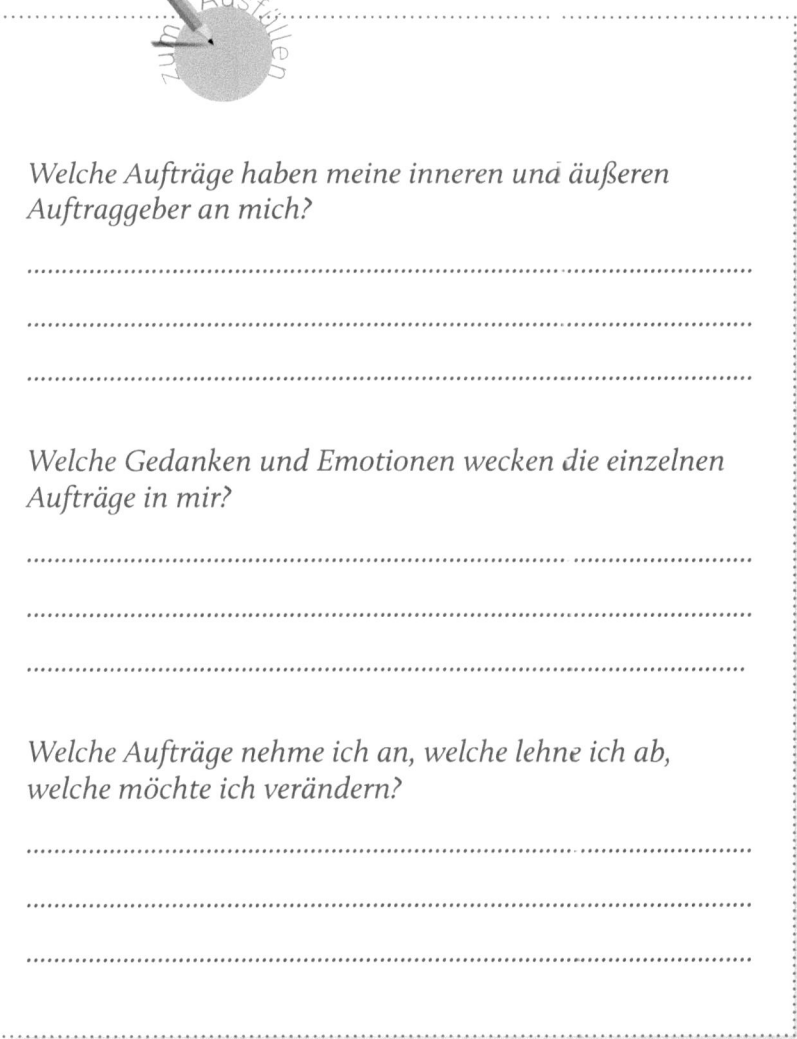

Welche Aufträge haben meine inneren und äußeren
Auftraggeber an mich?

....

....

....

Welche Gedanken und Emotionen wecken die einzelnen
Aufträge in mir?

....

....

....

Welche Aufträge nehme ich an, welche lehne ich ab,
welche möchte ich verändern?

....

....

....

Was du heute kannst besorgen

Kapitel 08

... wie Sie ungeliebte Aufgaben angehen und die Aufschieberitis austricksen ...

»Oh nein, in vier Wochen ist meine Masterarbeit fällig«, seufzt Farida und steht auf, um sich einen frischen Kaffee zu holen. »Wie weit bist du denn schon?«, fragt ihre Freundin Lotte. »Na ja, positiv betrachtet habe ich mir schon ein paar Quellen angesehen und eine grobe Gliederung gemacht«, antwortet Farida leicht genervt. »Ich komme nicht dazu. Immer ist irgendwas los, und wenn ich mich dann doch mal an den Rechner setze, fallen mir tausend Sachen ein, die ich vorher noch schnell erledigen muss. Gestern habe ich den WG-Kühlschrank sauber gemacht. Kannst du dir das vorstellen? Und wenn ich mich so umsehe, ich könnte mir auch mal die Fenster vornehmen ...«

»Halt, stopp!«, unterbricht Lotte sie lachend. »So kann das ja nicht weitergehen. Was hältst du davon, wenn wir eine Art Lerngruppe gründen?«

Die Idee findet Farida gut. Sich regelmäßig mit netten Leuten zu treffen, sich gegenseitig zu motivieren und sich gegenseitig zum Fortschritt der Arbeiten zu gratulieren – das kann nicht schaden. Das ständige schlechte Gewissen zermürbt sie, und schließlich will sie ihre Masterarbeit endlich abgeben.

Hochmotiviert geht Farida in ihr Arbeitszimmer. Sie hat beschlossen, ihren Arbeitsplatz umzugestalten, sodass sie dort gut arbeiten kann und sich auch wohlfühlt. Sie räumt alles, was sie nicht benötigt, von ihrem Schreibtisch. Dann ordnet sie ihre bereits vorhandenen Dokumente und überlegt sich eine sinnvolle Ordnerstruktur für ihre Recherche und Dokumente, die sie für ihre Masterarbeit benötigen wird.

So, der erste Schritt ist getan. Farida beschließt, in die Küche zu gehen und sich mit einem Glas Saft zu belohnen. Dort trifft sie auf ihre WG-Mitbewohner und erzählt ihnen von ihrem Terminproblem bei ihrer Masterarbeit. Gunnar, ihr Mitbewohner, kommt auf die Idee, dass sie doch ein kleines Schild an ihre Tür hängen soll, wenn sie an ihrer Masterarbeit arbeitet und nicht gestört werden möchte. Alle sind sich einig, dass sie dieses Signal auch respektieren werden.

»Gute Idee«, denkt sich Farida, »das werde ich mit meinem Handy genauso machen und es auf lautlos stellen, solange ich arbeite. Und ich werde den Timer nutzen, um mich regelmäßig an Pausen zu erinnern.«

Weil sie gerade so gut in Schwung ist, geht sie zurück zu ihrem Schreibtisch und erstellt einen groben Zeitplan für ihre Masterarbeit. Diesen Plan möchte sie gleich morgen ihrer neuen Lerngruppe präsentieren und mit ihren Kommilitonen checken, ob ihre Planung realistisch ist.

Dank der Unterstützung ihrer Lerngruppe hat Farida endlich angefangen, an ihrer Masterarbeit zu arbeiten. Im Lauf der letzten Woche hat sie festgestellt, dass sie am Morgen besonders konzentriert arbeiten kann. Außerdem mag sie das Gefühl, mittags schon etwas geschafft zu haben. Deshalb hat sie sich die Vormittage bis zur Abgabe ihrer Masterarbeit so weit wie möglich frei gehalten und nutzt die ungestörte Zeit.

Sie macht gute Fortschritte, die sie der Lerngruppe zeigt und für die sie motivierendes Feedback von ihren Kommilitonen bekommt. Jetzt bereiten ihr die letzten Kapitel noch Probleme. Da sie nun endlich zum Ende kommen möchte, sitzt sie stundenlang vor ihrem Laptop und starrt auf den Bildschirm. Endlich greifen ihre Mitbewohner ein und erinnern Farida daran, dass es wichtig ist, auch mal abzuschalten und etwas für sich selbst zu tun.

Nach einem langen Spaziergang und einem Kaffee mit Lotte hat Farida die Idee, die sie den entscheidenden Schritt weiterbringt. Gut gelaunt setzt sie sich wieder an ihren Rechner – jetzt wird sie ihre Masterarbeit beenden!

Die Deadline für ihre Masterarbeit rückt näher, aber Farida ist gut vorbereitet. Dank der Unterstützung ihrer Freunde hat sie ihre Aufschieberitis überwunden und wird pünktlich und stolz ihre Arbeit abgeben.

➤ Suchen Sie sich Verbündete: Personen, denen Sie Ihre Fortschritte zeigen können, die Sie motivieren und konstruktiv unterstützen.

➤ Bereiten Sie Ihren Arbeitsplatz vor: Gestalten Sie Ihren Arbeitsplatz so, dass Sie sich dort wohlfühlen. Räumen Sie alles, was Sie ablenken könnte, weg.

➤ Planen Sie Ihre Arbeitszeiten: Berücksichtigen Sie dabei Ihre persönliche Leistungskurve.

➤ Sorgen Sie für ein störungsfreies Umfeld: Stellen Sie das Smartphone auf lautlos und deaktivieren Sie die E-Mail-

Benachrichtigung. Tragen Sie Zeitfenster für Ihre Arbeit oder Ihr Projekt in Ihren Kalender ein. Auch ein »Bitte nicht stören«-Hinweis an der Zimmertür kann wahre Wunder wirken.

➤ Organisieren Sie Ihre Aufgaben: Unterteilen Sie große Aufgaben in kleine, überschaubare Schritte.

➤ Gönnen Sie sich ausreichend Pausen: Nutzen Sie die Pausen, um frische Luft zu schnappen, sich zu bewegen und Ihre Gedanken schweifen zu lassen.

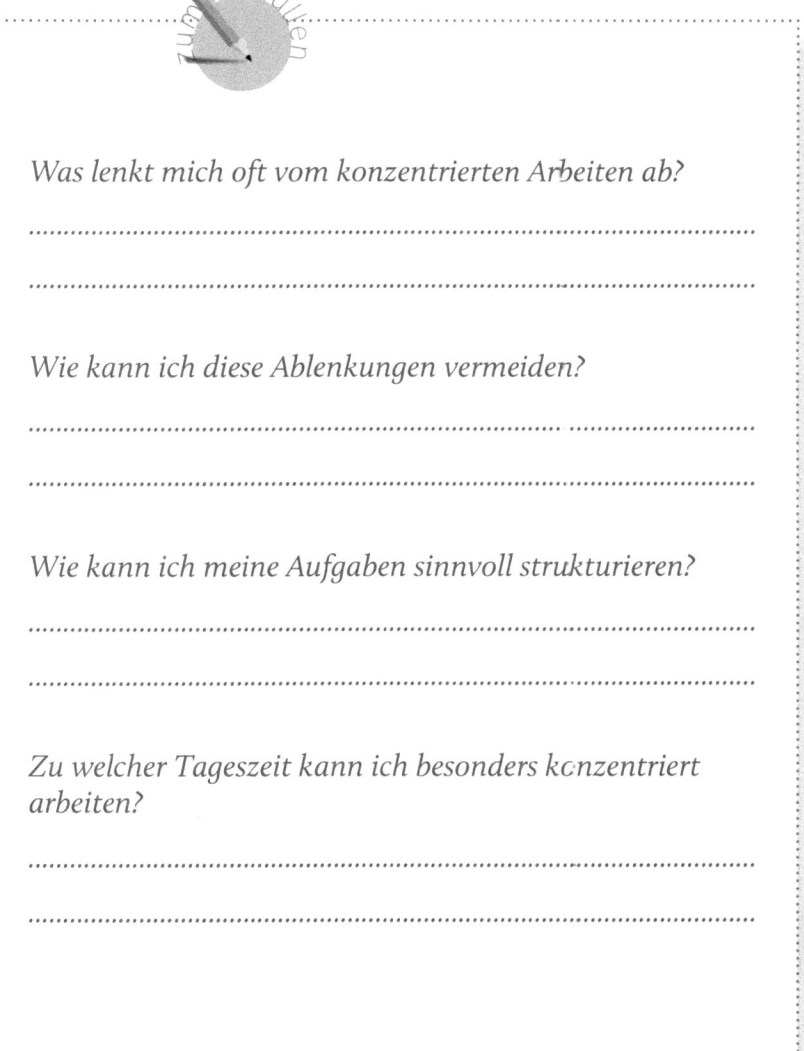

Was lenkt mich oft vom konzentrierten Arbeiten ab?

....

....

Wie kann ich diese Ablenkungen vermeiden?

....

....

Wie kann ich meine Aufgaben sinnvoll strukturieren?

....

....

Zu welcher Tageszeit kann ich besonders konzentriert arbeiten?

....

....

Mitten im Leben: Fluch oder Segen?

Kapitel 09

... wenn die Midlife-Crisis vor der Tür steht ...

Was hat der Chef im Meeting gesagt? Soll er die Präsentation erst an den Chef oder direkt an den Kunden senden? Hendrik war langsam von sich selbst genervt. Wurde er vergesslich? Mit 48??

Überhaupt war er etwas verunsichert, wie es beruflich weitergehen soll. Warum hatte er noch einen Chef und war nicht selbst ganz oben? Sollte er sich beruflich vielleicht doch noch einmal umorientieren? Wenn nicht jetzt, wann dann?

Aber Steffi würde das sicher nicht toll finden. Sie möchte lieber reisen und mehr Zeit mit ihm verbringen. Wenn er jetzt mit der Idee kam, sich noch mal auf neue Karrierepläne zu fokussieren, dann wäre die Stimmung komplett am Boden.

Steffi. War das überhaupt noch Liebe oder nur noch Routine? Im Alltag lebten sie oft nur nebeneinander her. Steffi hatte keine Aufgabe mehr, seit die Kids ausgezogen waren. Nachdem erst Felix und dann auch Lucy sich ihre eigenständige Existenz aufgebaut hatten, fühlte sie sich einsam und nicht mehr gebraucht. Aber war er etwa verantwortlich für Steffis Lebensinhalt und Zufriedenheit? Was war denn, wenn er mal ... Sabrina schoss ihm kurz durch den Kopf, seine superhübsche junge Kollegin, die ihm immer so nett zulächelte ...

Wie es mit seinen Eltern weitergeht, wusste er auch nicht. Sein Vater hatte vergangene Woche seinen 86. Geburtstag gefeiert. Mit seiner neuen Hüfte kam er prima klar, aber wie lange würde er noch so fit sein? Seine Mutter war mit ihren 83 Jahren manchmal schon etwas schusselig, gestand er sich ein. Wann würde der Zeitpunkt kommen, an dem die beiden nicht mehr alleine in ihrem Haus zurechtkämen? Oder vielleicht gar nicht mehr zu zweit wären? Müsste er dann nicht für seine Eltern da sein, so wie sie immer für ihn da waren und ihn beim Studium und Hausbau unterstützt hatten? Die Zeit, die ihm noch mit seinen Eltern blieb, wollte er gerne intensiv nutzen (siehe auch Kapitel 21, »Wer sind Sie?«).

Er fühlte sich gerade echt alt.

Und voller Zweifel, Sorgen und Ängste.

Steckte er tatsächlich in einer Midlife-Krise? Als gestandener Mann? Das kann doch nicht sein. War er noch cool – oder wirkten die Jeans und das AC/DC-Shirt an ihm so, als würde er verzweifelt auf jugendlich machen?

Momentan hatte er den Eindruck, vieles in seinem Leben infrage zu stellen. Alles lief konstant vor sich hin, aber wie lange noch? Reichte ihm das? Sein Körper zwickte schon mal hier und da und machte ihm klar, dass auch er keine unbegrenzte Lebenszeit hatte. Oder spielten seine Hormone verrückt?

Was auch immer der Auslöser war, Hendrik wollte seine Zeit bewusster und vielleicht auch ein Stück aufregender leben. Das war doch nicht verboten.

Dafür musste er sich weder eine junge Freundin zulegen

noch einen Termin beim Schönheitschirurgen vereinbaren oder Skinny Jeans tragen wie sein Kollege Joachim.

Seine Mutter hatte ihm einmal gesagt, dass die Zeit zwischen 40 und 60 ihre schönste war. In dem Alter fühlte sie sich klüger, kreativer, weiser und hatte nicht mehr so viele Verpflichtungen oder finanzielle Sorgen; sie musste auch keinem vermeintlichen Schönheitsideal mehr entsprechen oder als Mutter funktionieren. Es war »ihre« Zeit. Wenn seine Mutter diese Lebensphase so genießen konnte, sollte ihm das doch auch gelingen.

Also los!

Erst hatte sich dieser Vorschlag ziemlich esoterisch angehört, Körper, Seele und Geist in Einklang zu bringen, um wieder zu sich selbst zu finden und Gelassenheit leben zu können.

Damit konnte er nicht viel anfangen, Esoterik war ganz und gar nicht seins. Aber er hatte den Mut, sich darauf einzulassen, zumindest in seinem persönlichen Rahmen.

Die Bewegung an der frischen Luft hat ihm erstaunlich gutgetan – und soll auch für die geistige Leistungskraft vorteilhaft sein.

Ausprobiert hat er mehrere Sportarten, hängengeblieben ist er beim Radfahren. Zugegeben, er ist mit dem E-Bike unterwegs, aber es machte ihm total viel Spaß – er liebt es, seine Gedanken beim Biken durch die Natur schweifen zu lassen. Und Steffi kam auch oft mit, dann machten sie eine gemütliche Pause im Eiscafé und fingen wieder an, die kleinen Momente im Leben gemeinsam zu genießen.

 Achten Sie auf ein aerobes Training. Damit sind klassische Formen des Ausdauersports gemeint, zum Beispiel Nordic Walking, Joggen, Radfahren oder Schwimmen. Der Sport mit geringer bis moderater Intensität hilft beim Abnehmen, steigert die Fitness und wirkt nachweislich stimmungsaufhellend.

Körperliche Fitness tat ihm gut, reichte Hendrik aber nicht. Er wollte auf jeden Fall auch geistig so lange fit bleiben wie möglich. Und beruflich standen ihm ebenfalls noch viele Möglichkeiten offen.

Er hat gelesen, dass Hollywoodschauspieler Samuel L. Jackson erst im Alter von 43 Jahren eine preisgekrönte Rolle bekommen hat. Die Amerikanerin Julia Child hat mit 50 Jahren ihr erstes Kochbuch geschrieben und im Anschluss eine Karriere als Starköchin hingelegt.

Hendrik nahm sich Zeit, um seine eigenen Ideen zu sortieren. Wollte er sich beruflich völlig neu ausrichten oder ein neues Hobby beginnen?

Seine Nachbarin Mina hat nach 21 Jahren als medizinische Fachangestellte eine Hundeschule eröffnet, die ihr unglaublich viel Freude bereitete. Und sein Freund Ralf, ein paar Jahre älter als er, begann gerade, sich nebenberuflich als Stadtführer zu engagieren. Ralf sagt, er möchte die Geschichte seiner Stadt mit ihren spannenden Details und Kuriositäten weitergeben. Außerdem kann er das auch weiterführen, wenn er mal in Rente ist.

Tolle Idee, fand Hendrik, damit kann Ralf sein Gedächtnis trainieren und gleichzeitig nette Menschen treffen – und fing an zu überlegen, was ihm selbst Spaß machen würde.

 Fordern und fördern Sie Ihr Gedächtnis mit Übungen, mit denen Sie Aufmerksamkeit, Merkfähigkeit oder schlussfolgerndes Denken stärken.

Auch mit Hobbys können Sie Ihr Gehirn optimal trainieren, wie beispielsweise mit dem Spielen eines Instruments, Lesen, Erlernen einer neuen Sprache, Tanzen, Fotografieren, Malen, Basteln, Kochen oder Gärtnern. Die Leistungsfähigkeit des Gehirns kann bis ins hohe Alter erhalten bleiben, sagt Ernst Pöppel, einer der führenden deutschen Hirnforscher, man muss es nur trainieren wie einen Muskel.

Dann war da noch die Sache mit der Seele und der Gelassenheit. Das war für Hendrik etwas problematischer. Gelassen wäre er gerne, diese nicht greifbare Kombination aus Klugheit und Erfahrung fand er großartig. Aber wie kann man das hinkriegen? Seine Kollegin Zoey hat ihm vorgeschlagen, ein Buch der Dankbarkeit zu führen. Doch das war wirklich nichts für ihn, viel zu spirituell.

Er fing mal mit einfachen Dingen an, wie einer positiven inneren Haltung sich selbst und anderen gegenüber, die er zum Beispiel bei einer Autofahrt oder in der Warteschlange im Supermarkt trainieren konnte. Die Wirkung war erstaunlich gut, er fühlte sich schon jetzt toleranter – und gelassener.

Letztlich bedeutet Gelassenheit doch, Dinge zu akzeptieren, wie sie sind, und sich nicht dauernd unnötig aufzuregen. Seine Kraft und Lebensenergie wollte er lieber positiv nutzen – für Dinge, die er gerne machte und die ihm ein Gefühl von Freude gaben.

 Lassen Sie sich auch auf unbekannte Übungen ein, wie Yoga, Atemübungen, progressive Muskelrelaxation, Achtsamkeit, autogenes Training oder Meditation. Manchmal reicht es auch, Zeit in der Natur zu verbringen, ein gedanklicher Perspektivenwechsel oder ein Lächeln – lesen Sie mal das Kapitel 11,»Keep smiling«.

Die Achtsamkeit, das körperliche und seelische Kümmern um sich selbst, hat ihm tatsächlich gutgetan. Aber das Wertvollste war rückwirkend betrachtet das, was Hendrik am Anfang unglaublich schwergefallen ist: die Kommunikation.

Über seine Gedanken und Gefühle zu sprechen, über Unsicherheiten, Ängste und Sorgen, berufliche Ziele, realistische und unrealistische Wünsche und Ideen, neue Hobbys oder Reiseziele.

Die Gespräche mit seinen Freunden und natürlich mit Steffi haben viel in ihm ausgelöst und er war erstaunt, dass es vielen seiner Freunde ganz ähnlich ging. Er hat gelernt, flexibel und respektvoll zu bleiben, im Umgang mit den eigenen und auch mit Steffis neuen und oft ungewohnten Gedanken und Wünschen.

Bringen Sie den Mut auf, ganz offen zu reden und auch ungewohnte Gedanken und Wünsche einfach auszusprechen.

Astrid Lindgren hat einmal gesagt, dass es »schließlich kein Verbot für alte Weiber gibt, auf Bäume zu klettern«. Das gilt gefälligst auch für Männer, dachte Hendrik sich. Natürlich konnte er in seinem Alter kein Tierarzt oder Leistungssportler mehr werden.

Aber er konnte seine eigenen Träume verwirklichen, am liebsten zusammen mit seiner Frau. Also fing er gemeinsam mit Steffi an, Pläne für den nächsten Lebensabschnitt zu machen.

Für den Aufbruch zum Umbruch.

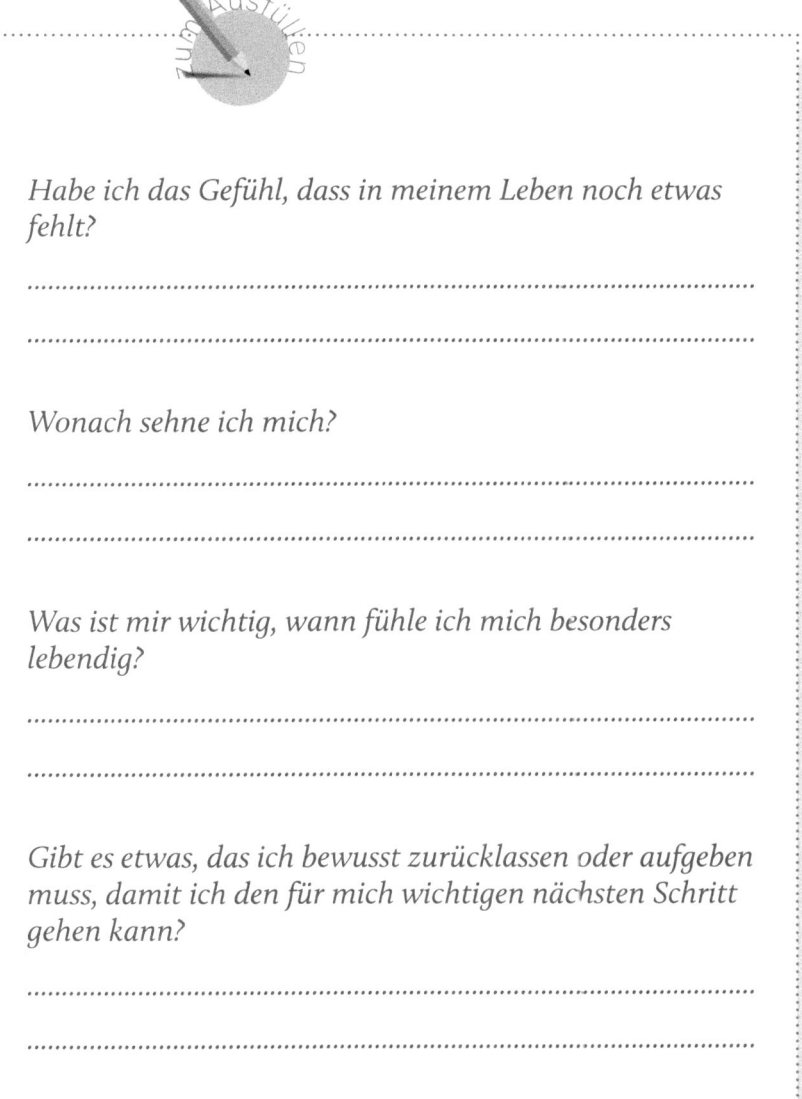

Habe ich das Gefühl, dass in meinem Leben noch etwas fehlt?

....

....

Wonach sehne ich mich?

....

....

Was ist mir wichtig, wann fühle ich mich besonders lebendig?

....

....

Gibt es etwas, das ich bewusst zurücklassen oder aufgeben muss, damit ich den für mich wichtigen nächsten Schritt gehen kann?

....

....

Der böse runde Geburtstag

Kapitel 10

... genießen Sie Ihren Geburtstag – und zwar so, wie SIE es möchten ...

Ich liebe meinen Geburtstag. Ich mag den Gedanken, dass mein Geburtstag im Kalender von anderen Menschen steht und sie an diesem Tag an mich denken. Ich freue mich über Glückwünsche und ja, ich bin verletzt, wenn mir Menschen, die mir wichtig sind, nicht gratulieren. Jedes Jahr gibt es auch ein paar schöne Überraschungen: Menschen, mit denen ich schon länger keinen Kontakt hatte, melden sich zu meinem Geburtstag. Das finde ich wunderschön.

Meine runden Geburtstage haben mich wenig beeindruckt. »Ich bin so alt, wie ich mich fühle« – nämlich noch nicht erwachsen, also jung. Das Alter ist weit weg und sowieso nur für andere da. Freunde und Bekannte, die mit ihrem 30. oder 40. Geburtstag zu kämpfen hatten, belächelte ich innerlich.

Ist schon interessant, dass es nicht auf die 3, 4 oder 7 vor der Null ankommt. In jedem Alter wird der runde Geburtstag als etwas Besonderes wahrgenommen, obwohl es doch nur eine Zahl ist. Warum wird den runden Zahlen so eine Bedeutung beigemessen? Weil wir es gewöhnt sind, in Dekaden zu denken.

Runde Geburtstage können in jedem Alter beeindruckend sein!

Und dann wurde ich 50 Jahre alt. Und plötzlich machte mir die Zahl etwas aus. Ich fühlte mich alt. Dazu kamen die – gut gemeinten – Fragen von Familie und Freunden, wie ich denn feiern wolle, wie ich mich fühle und was das halbe Jahrhundert für mich bedeute.

Am Ende eines Lebensjahrzehnts neigen anscheinend viele Menschen dazu, auf ihr Leben zu schauen und zu grübeln, ob es ausgefüllt und sinnvoll ist. Ich konnte mich noch nicht einmal entscheiden, wie ich meinen Geburtstag verbringen wollte. Mein Mann bot mir dann an, sich zu meinem Geburtstag etwas einfallen zu lassen. Ich habe mich entspannt zurückgelehnt und ihn machen lassen.

Es gibt unendlich viele Möglichkeiten, den runden Geburtstag zu begehen. Hören Sie auf Ihr Bauchgefühl, es ist Ihr Tag!

Es wurde dann eine Überraschungsparty in unserer Stammkneipe. Familie und Freunde waren da, zum Teil waren sie von weither angereist. Mit einigen Gästen hätte ich niemals gerechnet, und ich war sehr gerührt, sie zu sehen. Wir haben gemeinsam getanzt, gelacht und gefeiert. Es war herrlich!

Und plötzlich war diese runde Zahl nicht mehr wichtig für mich. Wichtig war das Gefühl, geliebt zu werden und das Leben zu feiern. Und wer sagt denn, dass ich bis zu meinem 60. Geburtstag warten muss, um wieder mit all meinen Lieben eine gute Zeit zu haben?

Nutzen Sie den runden Geburtstag und überhaupt jeden Anlass, um sich und Ihr Leben zu feiern!

*Was bewegt mich, wenn ich an meinen Geburtstag denke?
Was waren die schönsten Momente in meinem bisherigen
Leben? Was wünsche ich mir für die Zukunft? Wo und mit
wem möchte ich meinen Geburtstag verbringen? Möchte
ich alleine im Regen tanzen oder soll die ganz große
Runde mich hochleben lassen?*

Meine ganz persönlichen Geburtstagsgedanken:

....

....

....

....

....

....

....

....

....

....

....

keep smiling

Kapitel II

... wie Sie sich gesund und glücklich lächeln können ...

»Diese Kollegen machen mich wirklich noch irre«, dachte Dorle verzweifelt. »Wenn mich heute noch irgendwer blöd anguckt oder einen unqualifizierten Spruch macht, dann kann ich für nichts mehr garantieren. Dann kriegt der eins auf den Deckel, und zwar so richtig.« Es ist ihr völlig egal, was andere dann von ihr denken.

Erst der arrogante BMW-Fahrer, der ihr den Parkplatz weggenommen hat, dann die ältere Dame, die alle Croissants für ihre Enkel weggekauft hat, der Latte Macchiato to go, den sie sich über ihre nagelneue grüne Bluse geschüttet hat, und dann auch noch der PC-Ausfall gleich am Morgen, den der IT-Support immer noch nicht repariert hat. Inzwischen haben ihr schon so viele Leute den Tag vermiest, jetzt fliegt ihr gleich die Sicherung raus.

Ihre Kollegin und Freundin Biggi sieht sie an, zögert und verdrückt sich dann doch lieber in die Kaffeeküche.

Da fällt Dorle etwas ein. Sie schließt die Tür ihres Büros und kommt nur zwei Minuten später deutlich entspannter heraus.

»Was ist denn jetzt bitte passiert?«, fragt Biggi sie.

»Och, nichts Besonderes«, grinst Dorle, »ich habe nur gelächelt.«

Manchmal ist die Lösung wirklich so leicht. Lächeln macht glücklich und gesund.

Aufgrund einer einfachen biologischen Reaktion setzt das Gehirn Botenstoffe wie Endorphine frei, Glückshormone werden ausgeschüttet und lassen einen Menschen heiter werden, wenn er lächelt.

Stresshormone wie Cortisol werden reduziert, die Abwehrkräfte gestärkt, sogar Stress und Angst können abgebaut werden. Außerdem stärkt Lächeln die Leistungsfähigkeit unseres Gehirns – ein wunderbarer Nebeneffekt.

Mit dem Lächeln hat Dorle Gefühle der Ruhe und des Wohlbefindens gefördert, was nicht nur ihrer Laune, sondern vor allem ihrer Gesundheit gutgetan hat.

 Führen Sie die folgenden Übungen regelmäßig, am besten täglich, durch und genießen Sie die neue Heiterkeit.

 **Übung 1: Die 60-Sekunden-Übung in akuten Stresssituationen**

Ihnen ist gerade überhaupt nicht zum Lachen zumute, und es ist auch niemand in der Nähe, der Sie zum Lachen bringen könnte? Dann nehmen Sie das selbst mithilfe der Lächel-Übung in die Hand, die bereits auf Charles Darwin zurückgeht. In 60 Sekunden wird es Ihnen besser gehen.

Wenn Sie alleine in Ihrem Büro oder Zuhause sitzen, fangen

Sie gleich an. Sollten Sie im Großraumbüro oder einer Konferenz sitzen, gehen Sie doch mal kurz raus.

Stellen Sie den Timer auf ihrem Handy auf 60 Sekunden. Und los gehts!

Ziehen Sie 60 Sekunden die Mundwinkel fleißig nach oben, lächeln Sie ganz konsequent. Ohne Unterbrechung! Sie müssen die Muskeln in Ihren Wangen spüren. Die letzten 30 Sekunden werden ziemlich anstrengend, aber Sie schaffen das.

Grundsätzlich gilt: Ein echtes Lächeln ist besser als ein künstliches, aber auch dieses hat laut Studien einen positiven Effekt. Ihr Gehirn weiß nicht, dass Sie in Wirklichkeit nur eine komische Grimasse ziehen. Es glaubt Ihnen, dass Sie lächeln.

Damit haben Sie Ihr limbisches System ausgetrickst, Ihr Zentrum für Gefühle. Im limbischen System werden während des Lächelns Glückshormone produziert, die in die Blutbahn gelangen. Ihre Stimmung steigt.

Nach 60 Sekunden Dauergrinsen werden Sie besser gelaunt sein als vor ihrer Übung. Alles andere ist biologisch unmöglich.

Diese Übung ist ebenso wirksam, wenn Sie nicht in einer Krisensituation stecken. Einfach so, zwischendurch. Stressabbau funktioniert natürlich auch mittels Muskelanspannung, Tanzen, Meditation oder weiterer Methoden.

Lächeln ist aber eine der einfachsten Übungen.

 **Übung 2: Die dauerhafte Stärkung des Immunsystems durch die 5-Minuten-Lächel-Regel**

Wenn Sie Ihr Immunsystem dauerhaft stärken wollen, hilft es, täglich häufiger zu lächeln. Damit erzielen Sie einen positiven Effekt auf die körperliche und seelische Gesundheit und Sie können typische Folgen von Immunschwäche deutlich reduzieren, wie beispielsweise ständige Müdigkeit und Erschöpfung, eine hohe Anfälligkeit für Infekte und Allergien bis hin zu rheumatoider Arthritis oder auch chronisch entzündlichen Darmerkrankungen.

Versuchen Sie einfach, ab sofort pro Tag mindestens fünf Minuten am Stück fröhlich vor sich hin zu lächeln. Auch wenn die Muskulatur in den Wangen, die Sie ja bereits bei Ihrer 60-Sekunden-Lächel-Übung kennengelernt haben, sich anfangs etwas sträubt. Lächeln Sie tapfer weiter!

Nutzen Sie jede freie Minute, morgens beim Duschen, im Auto auf der Fahrt ins Büro, in der S-Bahn, beim Bäcker, beim Einkaufen, während des Telefonierens.

Sie denken, Sie sehen komisch aus? Keine Sorge – wer lächelt, wirkt attraktiver.

Für Ihre Umwelt werden Sie zum absoluten Sympathieträger, jeder wird sich freuen, Sie zu sehen – und womöglich sogar zurücklächeln.

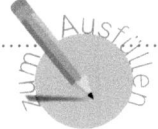

Wann war die letzte Situation, in der es gut gewesen wäre, wenn ich gelächelt hätte?

....

....

Was hat mich heute zum Schmunzeln gebracht, ohne dass ich die Übung anwenden musste?

....

....

....

Wann kann ich in meinem Alltag die Zeit finden, um zu lächeln?

....

....

....

Raus aus der Unsichtbarkeit

Kapitel 12

... wie Sie endlich auf sich aufmerksam machen können ...

»Das Budget für das neue Projekt ist freigegeben. Stephan, du kannst jetzt loslegen. Wir haben schon darüber gesprochen, dass du die Rolle des Projektleiters übernehmen wirst ...«

Nadja hört nicht länger zu, denn Enttäuschung macht sich in ihr breit. Sie hatte darauf gehofft, endlich ihre Chance zu bekommen und sich in ihrem ersten Projekt beweisen zu können. In den letzten Monaten hat sie eine komplexe Projektmanagementausbildung absolviert und war inzwischen zertifiziert.

Die nächtelange Arbeit und das Pauken hatten sich ausgezahlt, sie hat die Ausbildung mit sehr gutem Ergebnis abgeschlossen. Dies sollte ihr Einstieg in die Projektleitung sein, hatte sie gehofft, und jetzt bekam Stephan die Aufgabe! Stephan! Der hatte viel weniger Erfahrung als sie. Schweigend verfolgte sie das Meeting und war froh, als es endlich vorbei war. Was war da bloß los?

Gute Frage.

Nadja war bestens ausgebildet und offen für neue Herausforderungen. Aber wusste auch jemand davon?

Als sie ihren Chef ansprach, war dieser völlig erstaunt, dass sie Ihre Ausbildung bereits abgeschlossen hatte. Und auch dass sie mit der Projektleitung gerechnet hat, überraschte ihn offensichtlich. Er ist davon ausgegangen, dass es noch eine Weile dauern würde, bis er Nadja anspruchsvollere Aufgaben übertragen könnte. Ein typischer Fall von Unsichtbarkeit!

Klappern gehört zum Handwerk.

Wenn wir darauf warten, entdeckt zu werden, können wir unter Umständen sehr lange warten. Kollegen, die auf sich aufmerksam machen und sichtbar sind, ecken vielleicht auch mal an. Aber mit Sicherheit werden sie nicht übersehen. Und sie können zeigen, was sie »draufhaben«, und ihre Fähigkeiten unter Beweis stellen.

 Deswegen ist es wichtig, dass Sie Ihr Licht nicht unter den Scheffel stellen, sondern leuchten! Reden Sie über Ihre Fortschritte und Erfolge.

Das bedeutet nicht, anzugeben und größenwahnsinnig zu werden, sondern zu zeigen, was Sie können, wie Sie Probleme gelöst haben und wie Sie gesteckte Ziele erreicht haben. Stolz zu sein, etwas geschafft zu haben, und darüber zu reden, ist völlig in Ordnung.

Es wäre gut gewesen, wenn Nadja ihren Vorgesetzten über ihre Fortschritte in der Weiterbildung auf dem Laufenden gehalten hätte, etwa das Erreichen von Zwischenzielen, und erst recht den Abschluss der Ausbildung mitgeteilt hätte. Das wäre auch der richtige Moment gewesen, um klar zu kommunizieren, dass sie bereit ist, ihre neuen Kompetenzen anzuwenden.

 Machen Sie Ihre Fortschritte und Erfolge sichtbar.

Und kommunizieren Sie gleichzeitig auch nächste Schritte, Ziele und Vorhaben.

 Wenn Sie ein Projekt erfolgreich abgeschlossen haben, veröffentlichen Sie einen Artikel dazu, geben Sie einen Einblick in die Lessons Learned – so können andere von Ihren Erfahrungen profitieren und gleichzeitig verstehen, was Sie und Ihr Team geleistet haben.

Wenn Sie ein Spezialgebiet haben, reden Sie darüber, machen Sie es bekannt. Besuchen Sie Messen, halten Sie Vorträge innerhalb und außerhalb Ihrer Organisation. Posten Sie dazu. So können Sie als Spezialist und Ansprechpartner zu einem bestimmten Thema bekannt werden.

Raus aus der Komfortzone, rein in die Sichtbarkeit!

»Puh, endlich vorbei und zum Glück musste ich nichts sagen!«, dachte Frederic, als er sich aus dem Online-Meeting abmeldete. Die täglichen Meetings mit seinem Chef und dem Team waren schon irgendwie Routine geworden. Genauso wie Frederics Verhalten, möglichst nichts zum Meeting beizutragen und unsichtbar zu bleiben. Nach dem Termin blieb zwar immer ein schaler Beigeschmack, aber den ignorierte er.

Er wollte auf keinen Fall so extrovertiert und aufdringlich sein wie seine Kollegin Karoline. Sie hatte zu jedem Thema etwas beizutragen und zu allem eine Meinung. Es waren nicht immer die interessantesten oder besten Ideen, aus Frederics Sicht. Was er aber natürlich niemals sagen würde.

Die unangenehme Wahrheit war, dass das gesamte Team immer genau wusste, was Karoline gerade tat, welche Herausforderungen sie meisterte und welche Ziele sie gerade verfolgte. Zugegeben, einiges verlief dann im Sand oder funktionierte einfach nicht – aber in der Wahrnehmung ihres Vorgesetzten war Karoline eine engagierte und aktive Mitarbeiterin, die bereit war, Risiken einzugehen. Frederic dagegen, nun, der war schwer einzuschätzen. Seine Arbeitsergebnisse waren zwar gut, aber man wusste nie, wie er zu einem Thema stand oder ob er vielleicht sogar Verbesserungsideen hatte. Er sagte nie etwas.

Und manchmal muss man sich einfach zwingen.

➤ Ab sofort gibt es kein Meeting mehr, in dem Sie kein Wort sagen. Sie sollten sich dazu zwingen, jawohl, zwingen, bei jeder Gelegenheit mindestens einmal einen Beitrag zu leisten. Das kann während eines Meetings, in der Kaffeeküche oder beim Mittagessen sein. Es muss sich nicht gleich um eine neue Idee zur Quantenphysik oder die Umorganisation der gesamten Vertriebsstrategie handeln.

➤ Es können auch Fragen sein, die Ihr Interesse signalisieren. Sie können auch zusammenfassen, was bisher gesagt wurde, und sicherstellen, dass Sie alles richtig verstanden haben. Wenn Sie sich erst einmal daran gewöhnt haben, ein aktiver Teilnehmer in Meetings zu sein, schaffen Sie es im nächsten Schritt auch, über sich selbst und Ihre eigenen Leistungen zu sprechen.

Denn: Wie sollen Ihre Vorgesetzten und Kollegen wissen, wie qualifiziert Sie sind, wenn Sie es ihnen nicht vermitteln? Es reicht nicht, im Hintergrund gute Arbeit zu leisten! Sie haben eine Stimme – benutzen Sie diese auch.

Netzwerken!

Ein gutes Netzwerk ist eine großartige Möglichkeit, um Sie

und Ihre Themen bekannt zu machen. So können Sie sich zum Beispiel als Ansprechpartnerin oder Ansprechpartner für agile Methoden positionieren oder als Coach für komplexe Teamkonflikte.

Gleichzeitig kann ein Netzwerk eine unerschöpfliche Informationsquelle und Inspiration sein. Eine gute Möglichkeit, Ihr Netzwerk zu erweitern, ist es, sich mit Gleichgesinnten zusammenzutun.

Vielleicht gibt es einen Stammtisch zu Ihrem Thema oder eine Arbeitsgruppe. Hier fällt es häufig leichter, ein Gesprächsthema zu finden. Dennoch kann ein Abstecher in das Kapitel 24, »Der kleine Small Talk Guide« nicht schaden. Sie können neue Menschen kennenlernen und gleichzeitig Ihre Kompetenz vertiefen.

Sie können auch einen VHS-Kurs anbieten, um sich noch intensiver mit einem neuen Thema zu beschäftigen und gleichzeitig mit Menschen in Kontakt zu kommen, die gleiche Interessen haben wie Sie.

➤ Sprechen Sie mit vielen Leuten über Ihr Fachgebiet und Ihre Ziele. Natürlich ist es bequemer, mit immer denselben Leuten über die immer gleichen Themen zu reden. Warum verabreden Sie sich nicht mal mit der sympathischen Kollegin aus der Nachbarabteilung zum Essen und erfahren, was sie eigentlich genau macht – und bei der Gelegenheit erzählen Sie Ihrer Kollegin auch, woran Sie gerade arbeiten.

➤ Gehen Sie mindestens einmal in der Woche mit einer Person außerhalb Ihres üblichen Umfelds mittagessen und erzählen Sie über Ihre Themen und Kompetenzen. Und hören Sie gut zu, worüber Ihr Gegenüber berichtet.

Netzwerken ist keine Einbahnstraße, sondern lebt vom gegenseitigen Austausch. Zum Thema Gesprächsführung sehen Sie sich das Kapitel 26, »Einfach gute Gespräche führen« an.

Lob annehmen!

Als Nadja in Stephans Projekt eine sehr überzeugende Präsentation vor einem kritischen Stakeholder hielt und diesen als Unterstützer für das Projekt gewinnen konnte, lobte Stephan sie vor dem gesamten Projektteam.

Früher wäre Nadja rot geworden, hätte sich gewunden und versucht, ihre Leistung zu mindern. »War doch nicht so wild, das hätte jeder gekonnt«, war ihre übliche Reaktion auf positives Feedback.

Nadja hatte dazugelernt: Sie bedankte sich für die Anerkennung und die Unterstützung durch ihr Team. Dann nutzte sie die Chance, kurz zu erläutern, mit welcher Argumentation sie den Stakeholder überzeugen konnte. So zeigte Nadja noch mehr von ihrer Kompetenz und Professionalität.

Wozu denn nun dieser ganze Aufwand?

Um die spannenderen Aufgaben zu bekommen, die besseren Gespräche zu führen und die Chance zu nutzen, sich weiterzuentwickeln.

Früchte ernten!

Wenn Sie es schaffen, sich zu überwinden und die ersten Schritte aus Ihrer Komfortzone heraus zu machen, werden Sie feststellen, dass es sogar Spaß macht. Garantiert werden die Reaktionen aus Ihrem Umfeld viel positiver ausfallen, als Sie es erwarten.

Und damit bekommt die Verbesserung Ihrer Sichtbarkeit eine Eigendynamik: Ihr Netzwerk nimmt Sie positiver wahr, spricht über Sie und Sie haben damit sogar noch eine richtig gute Zeit. Probieren Sie es am besten heute noch aus!

Viel Spaß beim Klappern und Über-sich-Hinauswachsen!

Das ist MEINE
beste Freundin

Kapitel 13

... Eifersucht steht keinem gut ...

Heute hat Eva endlich mal wieder mit Vanessa telefoniert, ihrer liebsten Freundin. Es ist schön, ihre Stimme zu hören, mit ihr zu plaudern und zu lachen. Vanessa kann sie ihre geheimsten Gefühle offenbaren, sie hört zu und steht immer auf ihrer Seite. Telefonate mit ihr sind ein bisschen wie ein Seelenwärmer – bis Vanessa berichtet, dass sie sich letzte Woche mit Linda zum Kaffee getroffen hat.

»Wie bitte?« Eva hofft kurz, sich verhört zu haben. »Mit Linda? Wir haben uns doch auch schon länger nicht gesehen, warum triffst du dich mit Linda? Und wieso mischt Linda sich überhaupt in unsere Freundschaft ein? Ich dachte, mit der hättest du gar nichts mehr zu tun, die hat doch früher schon genervt. Immer fröhlich, immer coole Klamotten und natürlich eine glückliche Ehe – mit einem Anwalt. Die beiden ach so süßen Kinder nicht zu vergessen. Supertolle, supersympathische Linda.« Ihr uncharmantes »Blöde Kuh« hat sie zum Glück nur in Gedanken hinzugefügt.

»Evi, bist du etwa eifersüchtig?«, fragt Vanessa.

»Nein, natürlich bin ich nicht eifersüchtig. Aber ich finde es irgendwie doof. Ich bin schließlich Single und brauche dich viel mehr als Linda.«

Mit etwas beleidigtem Unterton versucht Eva, Vanessa klarzumachen, dass Linda ausschließlich an sich selbst interessiert ist. »Wenn du Sorgen hattest, bist du damit immer zu mir gekommen. Aber das wird sich jetzt ändern, du kannst ja zu Linda gehen«, jammert Eva mit etwas zu hoher Stimme in den Hörer.

Danach legt sie auf und bricht den Kontakt erst mal ab. Die nächsten Monate wird Vanessa nichts von ihr hören.

Das Engelchen in Eva weiß natürlich, dass die Existenz von Linda in Vanessas Leben nicht gleich heißt, dass ihre Freundschaft mit Vanessa deswegen weniger wertvoll ist. Das hält das Teufelchen in ihr aber nicht davon ab, ihr einzureden, dass Linda ihre Freundschaft mit Vanessa ernsthaft bedroht.

Seit Vanessa von Linda erzählt hat, hat Eva Angst, ihre beste Freundin zu verlieren. Nur weil Vanessa Zeit mit einer anderen Person verbracht hatte, hat diese Eifersucht begonnen, die sie kaum stoppen kann.

Nachdem Eva über die ganze Geschichte mit Vanessa noch einmal in Ruhe nachgedacht hat, ist sie zu dem Schluss gekommen, dass sie über ihren eigenen Schatten springen muss, bevor die Freundschaft mit Vanessa leidet oder womöglich zerbricht.

»Vielleicht hätte ich Vanessa doch keine Vorwürfe machen sollen«, besinnt sie sich. »Mein Versuch, den ›Eindringling Linda‹ auszustechen, war nicht gerade erfolgreich. Und unter meinem Rückzug leide ich selbst mindestens genauso sehr wie Vanessa.«

Selbstvorwürfe nach dem Motto »Ich bin eben nicht so spannend oder attraktiv wie Linda« versucht sie sich auszureden. Sie hasst diese Vergleiche und findet sich gut genug, so wie sie ist. Mit den ganzen gefakten Fotos auf Social Media vergleicht sie sich schließlich auch nicht. »Und Linda hat ihre guten Seiten«, muss sie sich eingestehen, »eigentlich ist sie sogar ziemlich nett. Ich glaube, ich schlage einfach mal einen Kaffeeklatsch zu dritt vor.«

Kommunikation: Sprechen Sie ein Thema, das Sie belastet, so schnell wie möglich an. Nur so können Sie ausdrücken, was Sie beschäftigt und verstanden werden. Tipps dazu finden Sie auch in Kapitel 26, »Einfach gute Gespräche führen« und Kapitel 29, »Kommunikation mit Lackaffen«.

Eva hat Vanessa um ein Treffen gebeten. Vanessa hat zum Glück schnell zugesagt. Ein bisschen Mut war notwendig, ihrer Freundin ihre Angst zu offenbaren, sie zu verlieren. Eva hat eine kleine Liste mit einigen Punkten zusammengestellt, die sie an ihrer Freundin Vanessa besonders schätzt. Als sie Vanessa die Liste überreicht, kann sie das Strahlen in Vanessas Augen sehen. Um ihr Vertrauen in die Freundschaft zu stabilisieren, war es ihr noch wichtig, Vanessa zu fragen, was diese an ihr schätzt. Und das war tatsächlich mehr, als Eva erwartet hat.

Selbstreflexion: Mit einer bewussten Selbstwahrnehmung können Sie Ihr eigenes Denken, Fühlen, Handeln und dessen Auswirkungen beobachten, verstehen und reflektieren. Sie können aus Fehlern lernen, impulsive Reaktionen vermeiden, Emotionen leichter steuern und deutlich bewusster leben.

Da Eva sich eigenständig in dieses Schlamassel manövriert hat, möchte sie die Gelegenheit zur Selbstreflexion nutzen, um die begangenen Fehler möglichst nicht so schnell zu wiederholen.

»Aus welchem Grund ist dieses Gefühl der Eifersucht entstanden und warum verhalte ich mich so?«, fragt sie sich.

Tatsächlich mangelt es Eva ein wenig an Selbstwertgefühl und sie stellt fest, dass Verlustängste früher schon einmal aufgetreten sind. Sie beschließt, daran zu arbeiten. Sie beschäftigt, warum sie diese unnötige Sorge hat, ersetzt oder nicht mehr so stark geliebt zu werden.

 Perspektivenwechsel: Manchmal reicht es schon, die eigene Situation aus einem anderen Sichtwinkel zu betrachten, um eine ganz andere Wahrnehmung, Interpretation und Einschätzung eines bestimmten Bildes zu erlangen. Viele Missverständnisse und Konflikte können auf diese ganz einfache Art gelöst werden.

Eva erinnert sich, dass sie sich vor zwei Wochen mit ihrer Kollegin Selina auf einen Cocktail getroffen hat. Das war ein superlustiger Abend. Niemals wäre sie auf den Gedanken gekommen, Vanessa durch Selina zu ersetzen. »Warum also sollte Vanessa auf diese Idee kommen, mich durch Linda zu ersetzen, nur weil die beiden sich zum Kaffee getroffen haben?«, stellt Eva fest.

Außerdem mag sie ihre Freundin so sehr und wünscht ihr nur das Beste im Leben. Dazu gehört auch, dass Vanessa neue Menschen kennenlernt, die ihr am Herzen liegen und ihr guttun. Ab sofort wird sie sich mit Vanessa und für sie freuen – und ihre Freundschaft genießen, die durch die Aussprache noch intensiver geworden ist.

Eifersucht

Es gibt viele Beziehungen, in denen Eifersucht auftreten kann.
Die häufigste Form ist sicherlich die Eifersucht in einer Liebesbeziehung. Aber auch in Familien kann Eifersucht unter Geschwistern auftreten oder gar auf ein Haustier; es gibt die Eifersucht am Arbeitsplatz, in der Schule, in sozialen Gruppen oder, wie das Beispiel von Eva und Vanessa zeigt, in Freundschaften.

In der Regel stehen Verlustangst oder ein geringes Selbstwertgefühl dahinter. Seien Sie mutig, wenn Sie ein eifersüchtiges Verhalten bei sich oder anderen bemerken.

Erobern Sie Ihr positives Lebensgefühl zurück – alleine oder mit professioneller Hilfe –, denn das Leben ohne bittere Eifersucht, die so viel zerstören kann, ist um vieles leichter und schöner.

Alle Jahre wieder

Kapitel 14

... same procedure as every year – Stress und Streit zu Weihnachten ...

Marion und Heinz saßen mit ihren besten Freunden zusammen und malten sich aus, wie sie dem diesjährigen Weihnachtswahnsinn entfliehen könnten und endlich die langersehnte Golfreise antreten würden. Bis Marion mit einem Seufzen die Ideen ihrer Freunde ausbremste.

»Weihnachten kommt Sandra nach Hause. Wir sehen unsere Tochter so selten, und Weihnachten schaufelt sie sich immer für uns frei. Sie freut sich so auf die ruhigen Tage bei uns und darauf, die ganze Familie zu sehen. Wir können das Kind doch nicht vor die Tür setzen!« Ihre Gedanken schweiften zum letzten Jahr. Weihnachten war wieder so typisch gewesen.

Alle hatten so große Erwartungen an Heiligabend und die Weihnachtsfeiertage. Alles sollte perfekt sein. Alle sollten sich liebhaben, sich gut benehmen (die Kinder saßen, wie jedes Jahr, quengelig beim Abendessen und nervten sich gegenseitig), das Essen sollte gut schmecken (wie jedes Jahr war die Gans ein kleines bisschen angebrannt), die Geschenke kreativ und liebevoll ausgesucht sein (und das für die Schwiegermutter sollte mindestens 200 Euro kosten, darauf legte die alte Dame wert), die Wohnung musste aufgeräumt und weihnachtlich geschmückt sein. Marion hatte zwei Tage geputzt, die Gästebetten vorbereitet und das Haus festlich dekoriert. Der ganze Nippes dafür nimmt einen eigenen großen Schrank im Keller in Anspruch.

Dabei wünschte sich Marion so sehr, mal nicht alles vorbereiten zu müssen, nicht für die Familie kochen zu müssen und am Heiligabend nicht völlig erschöpft zu sein. Sie wollte sich auch einmal verwöhnen lassen!

Und dieses Jahr? Wie jedes Jahr wird Onkel Andi wieder zu viel trinken und alle mit schlechten Witzen amüsieren. Die Schwiegermama wird durch ihre konstruktiven Vorschläge das Nervenkostüm der Gastgeberin zum Zerreißen bringen. Der Hund wird wieder auf den Teppich kotzen, weil irgendjemand ihm die Reste des Abendessens gegeben hat ... und so weiter und so fort. Same procedure as every year.

Weihnachten, das Fest der Liebe.

Und der Enttäuschungen. Jedes Jahr wieder.

Was haben wir hier, wenn wir mal etwas genauer auf dieses zauberhafte Szenario schauen?

Erwartungen!

Sowohl die der anderen als auch unsere eigenen.

Und weil das noch nicht genug ist, vermuten wir auch noch, dass andere bestimmte Erwartungen an uns haben. Das ist möglich, muss aber nicht so sein.

Sandra, die Tochter von Marion, saß mit ihrem Freund Ben zusammen, drehte das Rotweinglas in ihren Händen und sah ihn betreten an. »Das ist eine so schöne Idee, über Weihnachten in den Skiurlaub zu fahren. Aber das kann ich meinen Eltern nicht antun. Sie rechnen fest mit mir an Weihnachten.

Meine Mutter würde mir das nie verzeihen, wenn wir nicht gemeinsam den Baum schmücken und zusammen in den Weihnachtsgottesdienst gehen.«

Die Situation klingt verfahren? Ist sie auch.

➤ **Erwartungen, die auf Erfahrungen basieren, erlauben uns eine Prognose, wie der andere sich wohl verhalten wird.** Je besser wir jemanden kennen, umso besser können wir erahnen, wie er sich verhalten wird.

➤ **Erwartungen können ein Anspruch sein, wie sich andere verhalten sollen.**

Onkel Andi hat in den letzten zehn Jahren seine Witze erzählt. Also können wir erst einmal davon ausgehen, dass er es dieses Jahr wieder machen wird. Warum auch nicht? Sollte er es dieses Jahr nicht machen, würde die Familie sich wundern, wäre vielleicht sogar ein bisschen enttäuscht.

Bestenfalls würden sich alle gemeinsam über die besten Witze der letzten zehn Jahre amüsieren. Die Erwartung wird ohne großen Umstand an die Realität angepasst.

Marions Schwiegermutter hat eine klare Erwartung an die Größenordnung eines Geschenks. Hierin liegt der Anspruch, wie ihre Schwiegertochter sich verhalten soll: »Schenk mir etwas, das mindestens 200 Euro gekostet hat.« Marion wird in ihrer Freiheit, ein Geschenk auszusuchen, eingeschränkt, was in den meisten Fällen (inneren) Widerstand provoziert.

Sie hat nun zwei Möglichkeiten: Sie verweigert sich – mit der Konsequenz, dass ihre Schwiegermutter sich verletzt und zurückgewiesen fühlt. Oder sie erfüllt den Anspruch ihrer Schwiegermutter um des lieben Friedens willen – ein solch widerwilliges Nachgeben hinterlässt aber häufig einen schalen Beigeschmack.

Dieser wird im Lauf der Zeit immer größer und hat das Potenzial, eine Beziehung langfristig zu vergiften. Wenn Sie also Erwartungen »nachgeben«, stehen Sie auch innerlich zu dieser Entscheidung. Ohne mit den Zähnen zu knirschen.

Akzeptieren Sie Ihre Entscheidung und Ihre Gründe dafür. Vielleicht möchte Marion ihrer Schwiegermutter kostspielige Geschenke machen, um sich für die jahrelange finanzielle Unterstützung zu bedanken. Oder sie will ihr auf diese Weise ihre Wertschätzung zeigen, weil sie weiß, dass dies die einzige Art ist, die die alte Dame annehmen kann.

 Wenn Sie Erwartungen erfüllen, tun Sie es mit vollem Herzen und stehen Sie dazu. Lassen Sie keinen schlechten Beigeschmack zu!

 Und wenn Sie Erwartungen nicht erfüllen möchten – stehen Sie auch dazu und tragen Sie die Konsequenzen.

Marion und Heinz vermuten, dass Sandra erwartet, zu Weihnachten daheim von ihren Eltern verwöhnt zu werden. Sandra dagegen glaubt, dass ihre Eltern von ihr erwarten, jedes Jahr zu Weihnachten nach Hause zu kommen, um die immer gleichen Bräuche und Traditionen, wie Kartoffelsalat, Familienzusammenkunft, Christbaumkugeln, Weihnachtsgottesdienst etc., zu genießen.

Ihre Eltern haben dann doch noch mit Sandra über die Weihnachtsplanung gesprochen. Ganz ruhig, entspannt und liebevoll haben sie es geschafft, aufeinander einzugehen und eine gemeinsame Lösung zu finden. Sandra wird mit Ben in die Berge fahren, Sandras Eltern werden die Golfreise antreten, von der sie schon so lange Zeit träumen. Und im neuen Jahr werden sie sich bei einem gemeinsamen Abendessen von ihren Erlebnissen berichten.

 Sprechen Sie miteinander. Schildern Sie offen Ihre Wünsche und fragen Sie Ihre Familie oder Freunde, wie Sie sich die Weihnachtstage vorstellen, was ihnen wichtig ist und was jeder zu einem gelungenen Weihnachtsfest beitragen kann.

Was ist mir besonders wichtig an den Feiertagen?

....

....

Wie und mit wem möchte ich Weihnachten am liebsten verbringen? Wer kann welchen Beitrag dazu leisten?

....

....

Was hindert mich daran, meine Wünsche in die Realität umzusetzen?

....

....

David-Alexander allein zu Haus

Kapitel 15

... arbeitende Eltern und ihr schlechtes Gewissen ...

Bettina will endlich wieder arbeiten gehen. Schließlich hat sie nicht umsonst Architektur studiert. »Das Angebot des Architekturbüros Schreinemakers ist wirklich großartig«, erklärt sie ihrem Mann. »Gut bezahlt, flexible Arbeitszeiten und vor allem spannende Projekte. Wenn ich das ausschlage, werde ich mich für den Rest meines Lebens ärgern.«

Dass Martin aufhört zu arbeiten, ist natürlich undenkbar. Irgendwie müssen sie das neue Eigenheim und ihre kleine Familie schließlich finanzieren.

Womit sie beim Hauptthema sind: David-Alexander, zwei Jahre und drei Monate alt, lustiger und überaus lebensfroher Nachwuchs der stolzen Eltern.

»Was ist denn mit ihm«, denkt Bettina besorgt, »wenn ich wieder arbeiten gehe, auch wenn es erst mal nur 16 Stunden pro Woche sein sollen. Er ist doch gerade in einer so wichtigen Entwicklungsphase.«

Die Überlegung ist richtig. Auch Kinder müssen sich mit der neuen Situation anfreunden, wenn die Elternzeit beendet und ein voller Zugriff auf die Eltern nicht mehr uneingeschränkt möglich ist.

Genau wie die meisten Erwachsenen mögen auch Kinder zunächst einmal keine Veränderungen. Aber keine Sorge, sie werden damit zurechtkommen, wenn sie einige Stunden pro Woche betreut werden.

Inzwischen wurden zu diesem Thema viele relevante Studien durchgeführt, die deutlich zeigen, dass Kleinkinder von einer Fremdbetreuung sogar durchaus profitieren. Diese Kinder haben laut Studien eine positivere Lebenseinstellung, bessere sprachliche Fähigkeiten, sind weniger ängstlich, haben mehr Selbstbewusstsein und weniger Rollenklischees.

Eine Langzeitstudie der Uni Bochum zeigt, dass die Fremdbetreuung positiven Einfluss bereits auf die Entwicklung von Babys hat, wenn ihre Mütter mindestens 20 Stunden in der Woche arbeiten.

Doch was ist mit Ihnen? Kommen Sie mit Ihrem schlechten Gewissen zurecht? Was sagt Ihre innere Stimme, was sagt das stetige leise Flüstern im Hinterkopf?

Verdrängen Sie Ihre Gedanken nicht, weder die positiven noch die besorgten. Sehen Sie sich Ihr schlechtes Gewissen an. Nehmen Sie sich die Zeit für einen inneren Dialog.

Sehr häufig wird die innere Stimme durch eigene oder externe Wertvorstellungen (siehe auch Extrakapitel »Warum lassen Sie sich antreiben?«) gesteuert oder durch Vergleiche mit anderen und durch oberflächliche Idealvorstellungen, die auf Social Media gepostet werden, angestachelt.

Treffen Sie Ihre eigene Entscheidung, ganz egal, ob Sie die Elternzeit verlängern oder doch Karriere-Mom werden möchten. Das ist Ihr gutes Recht und Sie müssen sich keineswegs dafür entschuldigen, weder bei der Gesellschaft noch bei den Nachbarn oder dem Bekanntenkreis – und schon gar nicht bei Ihrem schlechten Gewissen. **Dann geht dem nämlich die Luft aus – und Ihr Leben wird leichter.**

Viele qualifizierte Studienergebnisse zum Nachlesen finden Sie beispielsweise in der Studie der Konrad-Adenauer-Stiftung (KAS) von 2015 »Wie viel Mutter braucht das Kind? Zur Situation berufstätiger Mütter und ihrer Kinder«, einer Studie der Harvard Business School von 2015, der Langzeitstudie der Ruhr-Universität von 2013 »Entscheidende Faktoren für das Wohlergehen von Kindern«, der Studie der London School of Economics und der Oxford University von 2016 und vielen weiteren Einzelstudien.

Schicksalsschlag

Kapitel 16

... wenn das Leben Sie eiskalt erwischt ...

In unserem Leben werden wir manchmal von Ereignissen überrascht, die uns tief erschüttern können. Diese Ereignisse bezeichnen wir oft als Schicksalsschläge – Momente, in denen das Leben uns vor Herausforderungen stellt, die wir uns nicht ausgesucht haben und die unsere Welt auf den Kopf stellen.

Schicksalsschläge sind so individuell wie wir selbst. Für den einen ist es der Verlust eines geliebten Menschen, für den anderen eine schwere Krankheit oder der Verlust des Arbeitsplatzes. Es kann auch ein Unfall sein, der plötzlich alles verändert, oder eine Trennung, die das Herz bricht. Diese Ereignisse kommen oft ohne Vorwarnung und hinterlassen ein Gefühl der Hilflosigkeit und des Kontrollverlusts.

Isabella wurde mit dem unerwarteten Tod ihres Partners konfrontiert. Die Trauer und Leere waren überwältigend für sie.

Thomas konnte nach einem schweren Autounfall seinen Beruf nicht mehr ausüben und musste sich komplett neu orientieren. Beide standen vor der immensen Aufgabe, ihr Leben neu zu gestalten.

In Lebenssituationen wie diesen ist es genauso schwierig wie wichtig zu wissen, dass es Wege gibt, nicht unterzugehen, und dass Aufgeben keine Option ist.

Akzeptanz

Der erste Schritt ist oft der schwerste.

Wie kann man die neue Realität akzeptieren? Akzeptanz bedeutet nicht, aufzugeben. Sondern das, was ist, anzunehmen. Es ist wichtig und richtig, sich Zeit zu nehmen, um den Schock zu verdauen und seine Gefühle zuzulassen. Die Trauer, die Wut, das Unverständnis, warum ausgerecht mir so etwas passiert. Es wurden Fakten geschaffen – ohne die eigene Zustimmung.

Dieser Weg, Unabänderliches anzunehmen, braucht seine Zeit und ist nicht einfach (hier kann Kapitel 3, »Im Hamsterrad der Grübeleien« hilfreich sein).

Als Thomas nach seinem Unfall im Krankenhaus erwachte, konnte er nicht begreifen, was die Ärzte ihm mitteilten. Geschweige denn akzeptieren, dass er nie wieder in seinem Beruf arbeiten würde. Es brauchte viele Gespräche mit der Familie, Freunden und den Therapeuten.

Thomas stellte betroffen fest, wie viel Kraft ihn das Verleugnen und kontinuierliche Hinterfragen gekostet hat. Als er bereit war, sich auf die neue Lebenssituation einzustellen, konnte er seinen Fokus auf die Zukunft richten und begann, neue Pläne zu schmieden.

Reflexion und Einsicht

Die Zeit nach einem Schicksalsschlag ist die Zeit, das eigene Leben zu reflektieren. Wo stehe ich, was habe ich auf dem Weg hierher erlebt und gelernt? Was und wer tut mir gut und kann mich auch auf meinem aktuellen Weg unterstützen?

Isabella hat in der Zeit nach dem Tod ihres Mannes viel über die gemeinsame Zeit und das Leben, das beide miteinander geführt haben, nachgedacht. Sie hat sich an die erste Zeit der Verliebtheit erinnert, an gemeinsame Reisen und die schönen Momente des Alltags. Dadurch konnte sie zahlreiche positive Gefühle in sich wecken und erkannte gleichzeitig, wie sehr sie in der Beziehung gewachsen war und welche Stärken sie entwickelt hat.

Dankbarkeit

Es ist schwer, in der belastenden und oft auch traurigen Situation nach einem Schicksalsschlag ausgerechnet Dankbarkeit zu empfinden. Allein der Vorschlag mag in der akuten Situation als zynisch empfunden werden. Tatsächlich braucht es oft einen gewissen Abstand und eine Fokussierung auf Positives, um in der Lage zu sein, Dankbarkeit zu empfinden.

Isabella schaffte es, mit großer Dankbarkeit auf die gemeinsame Zeit mit ihrem Mann zurückzuschauen. Sie war dankbar, ihrem Mann begegnet zu sein, von ihm geliebt worden zu sein und selbst geliebt zu haben. Ihr war bewusst, dass das keine Selbstverständlichkeit ist, und sie konnte diese Erfahrung als ein Geschenk annehmen, auch wenn ihr der geliebte Partner zu früh genommen worden war.

Neue Perspektiven entwickeln

Thomas erinnerte sich wieder an seinen Berufswunsch aus Kindertagen und setzte sich diesmal gegen die Erwartungen seiner Eltern durch. Er war bereit, seine Situation aus einem anderen Blickwinkel zu betrachten. Gibt es neue Möglichkeiten oder Wege, die sich zeigen? Welche Träume hat er, die er sich erfüllen möchte? Thomas setze sich kleine, erreichbare Ziele und feierte jeden Fortschritt. Das half ihm dabei, ein Gefühl von Kontrolle über sein Leben zurückzugewinnen und stärkte sein Selbstvertrauen. Unterstützen kann hier auch Kapitel 6, »Himmelskönige«.

Gemeinschaft und Verbundenheit

Niemand von uns muss allein mit Schicksalsschlägen umgehen. Gemeinschaft und ein Gefühl der Verbundenheit können stärken und unterstützen, auch langfristig. Familie, Freunde oder professionelle Helfer, wie Therapeutinnen und Therapeuten, können eine Stütze sein. Sich jemandem anzuvertrauen und Unterstützung anzunehmen, ist ein Zeichen von Stärke. In Krisensituationen erkennen wir oft, wie wichtig und stärkend Beziehungen zu anderen Menschen sind.

Thomas konnte durch das Knüpfen neuer Kontakte im Zuge seiner beruflichen Neuorientierung viele spannende neue Leute kennenlernen, die er als Bereicherung für sein Leben betrachtet und denen er sich verbunden fühlt.

Sowohl Thomas als auch Isabella haben eine schwere Zeit überstanden. Sie haben die Hilfe ihrer Familie, ihrer Freunde und professionelle Unterstützung angenommen. Dadurch konnten sie die schwerste Zeit ihres Lebens bewältigen und haben sich selbst besser kennengelernt. Sie wissen, welche Stärken sie haben, und blicken optimistisch in die Zukunft.

Wenn die Partnerin oder der Partner einen Schicksalsschlag erleidet

Wenn Ihre Partnerin bzw. Ihr Partner einen Schicksalsschlag erleidet, kann das zu einer starken Belastung für die Beziehung werden. Es kann Sie einander auch näherbringen und die Beziehung festigen.

Wichtig ist es zu verstehen, dass Sie nicht die Therapeutin bzw. der Therapeut Ihrer Partnerin bzw. Ihres Partners sein können. Dazu sind Sie nicht ausgebildet, und die Gefahr einer Überlastung oder auch Fehlbeurteilung ist sehr groß. Was noch dazu sehr wichtig ist: Das ist nicht Ihre Rolle. Wenn Sie feststellen, dass die Situation für Sie, Ihre Partnerin bzw. Ihren Partner oder die Beziehung zu belastend wird, nehmen Sie professionelle Unterstützung in Anspruch.

Der Prozess, einen Schicksalsschlag zu bewältigen, läuft selten gleichmäßig ab, sondern eher in einer Art Wellenbewegung. Seien Sie als Partnerin bzw. Partner da, hören Sie zu, ohne sich aufzudrängen. Schenken Sie kleine positive Erlebnisse, wie eine liebevolle Umarmung, einen Blumenstrauß oder ein schönes Essen. Und haben Sie Geduld.

111

Erkenntnisse
eines Singles

Kapitel 17

... wenn Sie Ihr Leben einfach genießen können ...

Finn nahm einen Schluck von seinem Rotwein und schloss für einen kurzen Augenblick genießerisch die Augen. Das tat gut. Ein hektischer Tag lag hinter ihm, und Finn gönnte sich zum Feierabend ein gutes Essen und ein schönes Glas Wein bei seinem Lieblingsitaliener.

Gedankenverloren ließ er den Blick über die anderen Gäste schweifen.

Das ältere Paar am Nachbartisch hatte in den letzten 15 Minuten nur geschwiegen. Die jungen Eltern am Tisch in der Ecke wirkten am Ende ihrer Kräfte. Und das verliebte Paar gegenüber stocherte sich gegenseitig in den Tellern herum.

Finn stellte fest, dass er genau in diesem Moment mit keinem der anderen Gäste hätte tauschen wollen und seine Ruhe genoss.

Das Singleleben hat einige Vorteile.

»Na ja«, dachte er und schob sich eine Gabel Pasta in den Mund, »es gibt natürlich auch die anderen Momente.« Dabei dachte er zurück an das letzte Wochenende. Er war bei seinem Freund Noah und dessen Familie zum Grillen eingeladen gewesen.

Er konnte sehen, wie liebevoll Noah und seine Frau miteinander umgingen. Hatte beobachtet, wie vertrauensvoll sich Noahs kleine Tochter in dessen Arm gekuschelt hat, und dann, dann hat er sich für einen kurzen Moment einsam gefühlt.

Gesellschaft schützt nicht vor dem Gefühl der Einsamkeit.

Einen Moment später ist Noahs Sohn mit seinen Freunden aufgetaucht und hat Finn und einige der anderen Erwachsenen eingeladen, mit ihnen ein paar Bälle zu schießen. Über die Einladung hat er sich gefreut und mit großem Spaß eine Runde Fußball gespielt.

Seine trüben Gedanken haben sich schnell in Luft aufgelöst, und als sie anschließend alle gemeinsam beim Essen saßen, genoss er das wunderbare Gefühl, mit seinen Freunden zusammen und Teil dieser Gruppe zu sein.

Gemeinschaften, denen man sich wirklich zugehörig fühlt, geben Halt und Selbstvertrauen.

Finn lächelte. Er war nach diesem Grillabend in sehr entspannter Stimmung zu sich nach Hause gefahren. Als er sein geliebtes Rennrad ins Wohnzimmer schob, ist ihm eine der unangenehmen Streitsituationen mit seiner Ex-Freundin eingefallen. Sie hat sein Fahrrad im Wohnzimmer gehasst.

Nun, darüber musste er sich jetzt keine Gedanken mehr machen. Er konnte nach Hause kommen, wann er wollte, sein Fahrrad abstellen, wo er wollte, und seine Zeit so gestalten, wie er wollte.

Das Alleinsein ermöglicht große Freiheiten.

Finn beschloss, sich noch eine Pannacotta zu gönnen. Morgen würde er die Kalorien schon wieder abtrainieren. Er hatte sich zu einem Lauftreff angemeldet und morgen früh stand wieder ein gemeinsames Training auf dem Programm. Er hat dort schon ein paar nette Leute kennengelernt.

Wie Sie Ihre Freizeit gestalten, entscheiden ausschließlich Sie.

Und wer weiß. Vielleicht wird morgen auch wieder die junge Frau dabei sein, die ihm auf den ersten Blick so sympathisch gewesen war. Und eventuell würde er sie dann ansprechen. Oder auch nicht. Mal sehen. Kein Stress. Jetzt lässt er sich erst mal seine Pannacotta schmecken und muss sie mit niemandem teilen.

Das Leben als Single bietet so viele Möglichkeiten und Chancen.

Egal, ob Sie alleine oder zu zweit durchs Leben gehen – genießen Sie jeden einzelnen Tag!

Ich bin stolz auf mich

Kapitel 18

... warum Sie sich einfach toll finden dürfen ...

»Eigenlob stinkt.« Warum das denn?

Wenn ich mir ein paar Redewendungen ansehe, die mit dem Thema Eigenlob zu tun haben, wundere ich mich doch sehr:

➤ sich wie ein Frosch aufblasen

➤ eine dicke Lippe riskieren

➤ großspurig sein

➤ eine große Klappe haben

➤ dick auftragen

➤ sich wie der große Zampano aufspielen

... um nur einige zu nennen. Das hört sich alles negativ an. Dabei bin ich doch nur stolz auf mich und auf das, was ich gemacht oder erreicht habe. Und das ist positiv.

Möglicherweise habe ich nur einen winzig kleinen Schritt geschafft, den niemand bemerkt. Niemand außer mir.

Vielleicht habe ich ein halbes Kilo abgenommen, vielleicht die Küche geputzt, vielleicht das Meeting vorbereitet oder eine unangenehme Aufgabe erledigt.

Völlig egal, was es war. Hauptsache, es war mir wichtig und ich kann stolz auf mich sein.

Ich jedenfalls lobe mich dann selbst. Mit einem »Prima gemacht« klatsche ich mir selbst Beifall oder spreche mir ein Kompliment aus.

Dann freue ich mich und der Tag kann gut gelaunt weitergehen.

Wann war ich das letzte Mal stolz auf mich?

....

....

....

Was ist mir heute gut gelungen?

....

....

....

Zum Ausfüllen

Wer hat mir dafür Anerkennung gezollt?

....

....

....

Habe ich mich heute oder vergangene Woche selbst gelobt?

....

....

....

Heute spreche ich mir selbst mindestens ein Kompliment aus:

....

....

....

....

Abstand zur Familie

Kapitel 19

... wenn die liebe Familie Ihnen das Leben schwer macht ...

Kürzlich saßen die drei Freundinnen Katrin, Tanja und Veronika im Café. Die drei kannten sich schon lange und haben schon so einiges gemeinsam erlebt.

Tanja erzählte vom Wochenende: »Sonntagnachmittag standen sie wieder vor der Tür. Nicos Bruder und seine Frau lieben es, mit den Kindern unangemeldet bei uns aufzutauchen. Wir hatten es uns gerade auf dem Sofa gemütlich gemacht und wollten gemeinsam einen schönen Film gucken.

Und dann kommt der Knaller! Sie haben uns ihre unerzogenen Kinder aufs Auge gedrückt, weil sie dringend mal Zeit für sich brauchten. Und Nico sagt einfach Ja und Amen, ohne mich auch nur zu fragen. Ich dachte, ich höre nicht richtig!

Unser Wohnzimmer sah aus wie ein Schlachtfeld, nachdem die lieben Kleinen abends endlich wieder abgeholt worden waren. Ich habe mich so aufgeregt, dass ich einen Riesenkrach mit Nico hatte. Er sagt, es sei doch sein Bruder ...

Das geht mir wirklich auf die Nerven! Bruder oder nicht, wir müssen doch nicht alles mitmachen.« Tanja hatte sich in Rage gesprochen, das Thema schien nicht neu zu sein.

»Wie geht es denn eigentlich deiner Cousine?«, wandte sich Katrin an die Dritte im Bund, Veronika. »Ich habe keine Ahnung«, Veronika zuckte mit den Schultern. »Seit ihrer letzten Trennung und dem damit verbundenen Theater habe ich den Kontakt zu ihr erst mal abgebrochen und sie auf allen Medien blockiert. Und wisst ihr was, es geht mir großartig damit!«

»Aber krass ist das schon«, kommentierte Katrin. »Sie gehört doch immerhin zur Familie. Hast du kein schlechtes Gewissen?«

»Nicht mehr. Ich habe mir so viele Stunden ihre Probleme angehört. Geduldig zugehört, wer sie alles ungerecht behandelt hat und wer alles ein Idiot ist. Ich habe versucht, zwischen ihr und den jeweiligen Freunden zu vermitteln. Ich habe ihr sogar einen Job besorgt, aus dem sie, natürlich, geflogen ist. Weil alle sie gemobbt haben und der Chef sie nicht leiden konnte. Schon klar. Ich kann nicht mehr. Ich habe keine Kraft mehr für diese negative Energie, nur Gejammer und Selbstmitleid.«

»Hast du das vorher angekündigt? Und wie geht deine Familie damit um?«, erkundigte sich Tanja.

»Ich habe sie mehrfach gebeten, mich nicht nachts anzurufen und mich nicht jeden Tag mit Textnachrichten zuzuballern. Also habe ich meine Blockade angekündigt und dann auch durchgezogen. Die Familie versteht das. Sie wissen auch, wie anstrengend meine Cousine sein kann, und unterstützen mich in meiner Entscheidung, für mich selbst zu sorgen und mich selbst zu schützen. Wer soll es denn sonst tun?«

»Ja, genau, wer sonst, wenn nicht wir selbst«, murmelte Katrin nachdenklich.

»Und nur weil ich jetzt erst einmal für eine Weile auf Distanz gehe, bedeutet das ja nicht, dass ich nie wieder mit ihr reden werde. Sie hat immer noch die Möglichkeit zu lernen, meine Grenzen zu respektieren, zum Beispiel keine nächtlichen Telefonanrufe. Und vielleicht werden wir ein paar grundsätzliche Regeln für unsere Gespräche vereinbaren, wie zum Beispiel kein Jammern oder Lästern über andere Personen. Mal sehen. Jetzt brauche ich erst mal eine Pause.«

Veronika hob den Zeigefinger und zitierte:»Deine Verantwortung für dich selbst beginnt dort, wo du deine eigenen Grenzen und Bedürfnisse klar erkennst und respektierst – und für dein eigenes Wohlergehen und deine eigene Gesundheit eintrittst.«

Dieser Satz, den ihr offenbar ihr Coach mitgegeben hatte, brachte die drei Freundinnen zum Nachdenken.

Nach einigen Minuten stillen Grübelns rückte Tanja und sagte entschieden:»Da werde ich wohl ein Gespräch mit Nico führen müssen und ihm in aller Ruhe erklären, wie wichtig es für mich ist, dass wir in Bezug auf seinen Bruder an einem Strang ziehen. Ich muss mich darauf verlassen können, dass ich in meinem eigenen Zuhause nicht übergangen werde. Das brauche ich, um mich sicher fühlen zu können. Und dann werden wir hoffentlich gemeinsam überlegen, wie wir unsere Grenzen auch seinem Bruder verständlich machen können.«

 Es steht Ihnen zu, gut für sich selbst zu sorgen! Dazu gehört es auch, die eigenen Bedürfnisse und Grenzen zu kennen und für sich einzustehen. Wenn andere Personen das nicht akzeptieren können, ist es Ihr gutes Recht, auf Distanz zu gehen!

Hilfreich kann es für Sie sein, die Kapitel 1,»In jedem Nein steckt ein Ja«, 29, »Kommunikation mit Lackaffen« und das Extrakapitel »Warum lassen Sie sich antreiben?« zu lesen.

Auf einer Skala von 1 bis 10:

Wie sehr stört mich der Umgang mit meiner Familie bzw. mit bestimmten Familienmitgliedern – und warum?

....

....

Wie sehr verletzt mich der Umgang mit meiner Familie bzw. mit bestimmten Familienmitgliedern – und warum?

....

....

Wie sehr stresst mich der Umgang mit meiner Familie bzw. mit bestimmten Familienmitgliedern – und warum?

....

....

zum Ausfüllen

Was genau stört mich?

....

....

....

Habe ich meine Wünsche und meine persönlichen Grenzen klar ausgesprochen? Welche Regeln würden mir im Umgang mit bestimmten Personen helfen, zum Beispiel die Vereinbarung, einzelne Themen auszusparen?

....

....

....

Was habe ich bisher unternommen, um die Situation zu verändern? Mit welchem Ergebnis?

....

....

....

125

Should I stay or should I go?

Kapitel 20

... eine Entscheidung, die nur Sie treffen können ...

Tim stand vor dem Kino und war genervt. Seine Freundin Carmen verspätete sich offensichtlich – mal wieder. Gedankenverloren spielte er mit den Tickets.

Eigentlich sollte er sich inzwischen daran gewöhnt haben, dass Carmen nie pünktlich war. »Ich kann mich einfach nicht auf sie verlassen«, dachte er. »Ständig lässt sie mich warten, und ich weiß nie, ob sie wirklich kommt.« Neulich hatte sie ihn im Restaurant versetzt, weil sie sich mit einer Freundin verquatscht hatte. Das war unangenehm gewesen. Er hatte die mitleidigen Blicke der anderen Gäste förmlich gespürt.

Noch während Tim die lange Liste von Carmens Verspätungen, Absagen, Ausreden und Entschuldigungen Revue passieren ließ, hupte es neben ihm.

Er blickte auf und sah seine Freundin, die ihm freudestrahlend aus einem quietschgelben Cabrio zuwinkte. »Tihim!!! Komm, steig ein!«, rief sie.

»Ähem, ich dachte, wir gehen ins Kino?«, wandte er ein. »Und woher hast du das Auto?«, fragte er, während er wie ferngesteuert einstieg.

Carmen erklärte ihm ganz aufgeregt, dass eine Freundin von ihr dieses supersüße Cabrio verkaufen wollte und sie – Carmen – sich augenblicklich verliebt und das Auto gekauft hatte. Tim blieb die Spucke weg. Das war so typisch! Ohne nachzudenken, hatte sie ihre gemeinsamen Ersparnisse ausgegeben. Ohne ihn auch nur zu fragen.

Das machte sie immer! Seine Meinung interessierte sie gar nicht. Und wenn er genervt und sauer war, tat sie so, als sei er ein Spießer, der nicht mit Spontanität und Freude umgehen könne.

Er hielt das nicht mehr aus. So konnte und wollte er nicht leben. Kochend vor Wut und verletzt in seinen Gefühlen saß er neben Carmen im Auto. »Und dann merkt sie nicht mal, dass es mir nicht gut geht und ich verletzt bin. Sie denkt immer nur an sich!«, grummelte er innerlich weiter.

Einige Tage später saß Tim mit seinem Vater Volker zusammen und erzählte ihm von der neuesten »Glanzleistung« seiner Freundin. Er redete sich in Rage und schloss mit den Worten: »Das war eine richtig miese Aktion von Carmen. Ich fühle mich mal wieder übergangen. Auf dieses Gefühl habe ich keine Lust mehr – nicht immer und immer wieder. Ich überlege ernsthaft, mich von Carmen zu trennen. Das war der Tropfen, der das Fass zum Überlaufen gebracht hat!«

Volker nippte an seinem Kaffee, während er seinen Sohn nachdenklich betrachtete: »Erinnerst du dich an eure Anfänge? Als Carmen dich mit einem spontanen Campingtrip überrascht hat?«, fragte er Tim. Dieser nickte mit einem kleinen Lächeln auf den Lippen. »Du warst so überwältigt von Carmens Improvisationstalent und der neuen Erfahrung, die du durch sie gemacht hast«, fuhr Volker fort. »Wo ist deine Begeisterung für ihre Spontanität geblieben?«

Überlegen Sie, welche guten Eigenschaften Ihre Partnerin bzw. Ihr Partner hat. Was hat Sie in der Phase der ersten Verliebtheit am meisten angesprochen? Was macht Ihre Partnerin bzw. Ihr Partner momentan richtig gut? Womit bringt er oder sie Sie zum Lachen?

Tim dachte nach. Tatsächlich hatte es sich inzwischen etabliert, dass er bei Carmens spontanen Aktionen immer erst einmal die Augen verdrehte und dagegen war. Wenn er ehrlich war, war das natürlich nicht immer gerechtfertigt. Sie hatte oft großartige Ideen, und langweilig war ihr gemeinsames Leben auf keinen Fall. Er dachte dabei an den ungeplanten Ausflug an den Badesee, mitten in der Nacht. Das war ein Spaß gewesen.

Volker interpretierte das Lächeln seines Sohnes richtig.»Na bitte, ist also doch nicht alles so schlecht mit Carmen«, stellte er fest.»Hast du ihr denn gesagt, dass der Autokauf aus deiner Sicht zu weit ging, und du in so weitreichende Entscheidungen eingebunden werden möchtest?«

Tim schüttelte den Kopf.»Nein, ich war zwar sauer, aber es gab noch nicht den richtigen Moment für ein klärendes Gespräch. Außerdem wollte ich ihr dann doch nicht den Spaß verderben.«

Es ist wichtig, mit der Partnerin bzw. dem Partner über die eigenen Wünsche und Bedürfnisse zu sprechen und deutlich zu machen, wie Sie sich gerade in der Beziehung fühlen. Was schätzen Sie, und was vermissen Sie? Was möchten Sie gerne gemeinsam mit Ihrer Partnerin bzw. Ihrem Partner ändern?

Damit war für Volker alles klar. Aus seiner Sicht musste Tim mit Carmen sprechen und ihr ehrlich beschreiben, was in ihm vorging. Und auch, wo seine Grenzen lagen.

»Sohn«, sagte er. »Ihr müsst reden! Carmen ist eine tolle Frau, aber hellsehen kann sie nicht. Und wenn du grummelig bist, ihr aber nicht sagst, was dich stört, kann und wird sich auch nichts ändern.«

Volker kannte seinen Sohn, der sich schwer damit tat, über Gefühle zu reden oder negative Gefühle zu überwinden. Hier kann Kapitel 29, »Kommunikation mit Lackaffen« durchaus hilfreich sein. Auch das Extrakapitel »Warum lassen Sie sich antreiben?« ist einen Blick wert.

 Fragen Sie sich, ob Sie die Bereitschaft haben, an sich und Ihrer Beziehung zu arbeiten. Ist Ihre Partnerin bzw. Ihr Partner dazu bereit?

Tim fand schon alleine den Gedanken an ein klärendes Gespräch mit Carmen anstrengend. Vielleicht würde sie weinen oder ihrerseits wütend werden. Damit konnte er nicht umgehen. Wollte er denn damit umgehen?

Wenn die Alternative war, die kommenden Jahre ohne Carmen zu verbringen, fühlte sich diese Vorstellung allerdings noch beängstigender an. Er wäre bereit, über seinen Schatten zu springen, aber Carmen würde sich auch bewegen müssen. Tim allein konnte die Beziehung schließlich nicht retten. Ob Carmen dazu bereit war, würde er erst wissen, wenn er mit ihr gesprochen hatte.

Er seufzte tief und stand auf. Na gut, dann war es so. Er würde mit Carmen reden und versuchen, mit ihr gemeinsam einen Weg zu finden, gut miteinander umzugehen. Vielleicht könnten sie sich auch Unterstützung von einem Profi holen. Er wusste, dass seine Eltern das einmal gemacht hatten.

Und die beiden waren inzwischen immerhin seit 30 Jahren verheiratet.

Sein Vater klopfte ihm zum Abschied auf die Schulter. »Ich bin stolz auf dich! Das wird schon. Ich sehe doch, wie ihr beiden euch immer anseht. Ihr gehört zusammen – und in jeder Beziehung holpert es mal.«

Tim war dankbar für die Worte seines Vaters und machte sich optimistisch auf den Heimweg. Trotz allem: Er freute sich auf Carmen!

> ➤ *Wenn Sie an Ihrer Haltung und Ihren eigenen Erwartungen arbeiten möchten, nutzen Sie die Chance zur Selbstreflexion, und nehmen Sie auch externe Unterstützung – nicht nur bei wichtigen Entscheidungen – in Anspruch.*

> ➤ *Wenn Sie wissen, was Sie investieren müssten, um Ihre Partnerschaft wieder in eine positive Richtung zu lenken, aber nicht bereit sind, diese Energie in Ihre Beziehung zu investieren, wird Ihre Entscheidung hinsichtlich der Frage »Should I stay or should I go?« klarer.*

> ➤ *Wenn Sie überlegen, sich für eine neue Partnerin bzw. für einen neuen Partner zu trennen, stellen Sie sich vor, wie diese Beziehung in fünf Jahren aussehen wird. Wird sie sich wesentlich von der aktuellen Situation unterscheiden?*

> ***Sorgen Sie gut für sich!***

Wer sind Sie?

Kapitel 21

... wenn wir den richtigen Weg für unsere Eltern finden müssen ...

»Ich bin's, Mama.«
Wie jeden Mittwoch und Freitag besuchte Petra ihre Mutter im Pflegeheim.

Bis vor wenigen Monaten hat ihre Mutter Anna noch in ihrer seniorengerecht eingerichteten Wohnung im Obergeschoss des Elternhauses gelebt. Petra lebte im Erdgeschoss mit ihrem Mann Christian und ihren Töchtern Jana und Sara.

Jahr für Jahr wurde das Zusammenleben beschwerlicher. Anfangs fegte die gesamte Familie die Erinnerungslücken ihrer Mutter Anna gerne lachend mit einem »Das liegt am Alter« vom Tisch.

Doch die Planung und Umsetzung von bisher unproblematischen Alltagssituationen wurde für ihre Mutter Anna immer mühevoller. Anna litt fürchterlich unter dem Verlust ihrer früheren Fähigkeiten, und ihre Angst war groß, in ein Heim abgeschoben zu werden.

Da sie alle in einem Haus wohnten, konnten sie die ersten Anzeichen einer Erkrankung einfach ignorieren. Anna wurde durch die ganze Familie zunächst gelegentlich und schließlich täglich unterstützt. Beim Einkauf, bei der Erinnerung an die Tabletten oder den Friseurtermin und natürlich im Haushalt.

Erst nachdem Anna zunehmend aggressiv wurde, auch ihren eigenen Enkelkindern gegenüber, ist Petra mit ihr zum Arzt gegangen, der eine vaskuläre Demenz diagnostizierte.

Die Familie hielt zusammen, sie spielten Spiele mit Anna, malten gemeinsam, erzählten sich Geschichten von früher, halfen bei Alltäglichem und taten alles, damit es ihr gut ging.

 Altbekannte Spiele machen demenzkranken Menschen Freude, wecken Erinnerungen. Gemeinsames Kochen kann helfen, sich am Duft und Geschmack zu orientieren. Führen Sie Rituale, die Sicherheit geben und beruhigen, zu Beginn und am Ende des Tages ein.

Dann kam es immer öfter vor, dass Anna Worte nicht mehr einfallen wollten. Sie konnte sich nicht an den Namen des Gerätes erinnern, in das sie ihre schmutzige Tasse stellte.

Als sie ihre Haarbürste im Backofen fand, weinte sie still vor sich hin. Sie wollte das Haus nicht mehr verlassen, aus Sorge, nicht zurückzufinden, und zog sich zunehmend in sich zurück. Die Welt außerhalb ihrer Wohnung schien entsetzlich verwirrend.

Als Anna eines Tages morgens um zwei Uhr ins Erdgeschoss lief, um in Petras und Christians Schlafzimmer panisch zu verkünden, dass Christian sofort kommen müsse, weil der Nachbar sie vergiften wolle, musste die Familie sich eingestehen, dass es so nicht weiterging. Sie mussten über Betreuung oder Pflege nachdenken.

 Informieren Sie sich rechtzeitig über rechtliche und finanzielle Aspekte einer Langzeitpflege und legen Sie die Wünsche des Demenzkranken in einer Patientenverfügung fest.

Petras Bruder war eindeutig dagegen. »Du kannst Mama doch nicht einfach so abschieben«, machte er Petra deutliche Vorwürfe. »Der hat gut reden«, dachte Petra, »er wohnt 540 Kilometer weit entfernt und ruft Mama mal zum Geburtstag oder zu Weihnachten an.«

 Niemand hat das Recht, Ihre ganz persönliche Entscheidung zu werten. Die Lebenssituationen von Angehörigen sind sehr unterschiedlich. Sie sollten immer ohne familiären oder gesellschaftlichen Druck entscheiden!

In dieser Zeit ging es Petra entsetzlich. Sie fühlte sich zerrissen. Als sie vor einer Woche mit ihrer Mutter spazieren gegangen war, hatte diese die Nachbarn nicht erkannt und sehr heftig beschimpft. Petra hat sich furchtbar geschämt, auch wenn sie genau wusste, dass die Krankheit ihrer Mutter die Ursache war. Ihre Mutter war nun in fast allen Bereichen auf Hilfe angewiesen, lehnte sich aber aus Stolz oft dagegen auf.

 Beobachten Sie den Demenzkranken genau und versuchen Sie, Ihr Verhalten und die Umgebung freundlich anzupassen, um Über- oder Unterforderung zu vermeiden.

Am schlimmsten war es für Petra, wenn sie die Geduld mit ihrer Mutter verlor. Sie war darüber informiert, dass die eigene Gelassenheit sich positiv auf Demenzkranke auswirkt. Aber manchmal hatte sie einfach keine Kraft mehr.

Auch wenn Petra nur in Teilzeit berufstätig war, konnte sie die Pflege zuhause nicht mehr bewältigen. Dankbar für den

Zusammenhalt in ihrer Familie hat sie daher gemeinsam mit ihrem Mann den Entschluss gefasst, ihre Mutter in einem Heim betreuen zu lassen. Sie haben mehrere Pflegeheime besucht und eines ausgewählt, das nach ihrem Bauchgefühl richtig gut zu Anna passte.

 Gerade im mittleren Stadium der Demenz brauchen Kranke einen Menschen, der rund um die Uhr für sie da ist, sie betreut, beruhigt und Hilfe leistet, wenn es nötig ist. Die Entscheidung für ein Pflegeheim kann der kranken Person viel Sicherheit bieten und die familiäre Situation entspannen.

Petra saß neben ihrer Mutter, die inzwischen eingeschlafen war. Sie hatte Angst vor der nächsten Phase der Krankheit, in der ihre Mutter sie nicht mehr erkennen würde. Seit Beginn der Demenz war Trauer eine ständige Begleiterin, auch wenn ihre Mutter sie immer mal wieder anlächelte und ihr sanft über den Arm streichelte.

 Angehörigen hilft es sehr, in der Familie, mit Freunden oder anderen Betroffenen offen und ehrlich über ihre Gefühle zu sprechen.

Es fiel ihr schwer, ihre Mutter gehen zu lassen. Immer ein kleines Stückchen mehr. Sie sprach regelmäßig mit Menschen, die ihr nahestanden, und mit dem behandelnden Arzt.

Jede Woche tauschte sie sich mit den immer freundlichen und hilfsbereiten Pflegekräften im Heim aus, denen sie für ihre Arbeit und Unterstützung unendlich dankbar war. Das half ihr, die eigenen Ängste abzubauen und sich vorzubereiten auf den endgültigen Abschied, der hoffentlich noch ganz lange auf sich warten ließ.

Die Pflege der Eltern im eigenen Zuhause

Fast jeder möchte den Eltern etwas zurückgeben und hat bereits ein schlechtes Gewissen, ein Pflegeheim auch nur in Betracht zu ziehen. Versuchen Sie dennoch, einige Fragen ganz ehrlich zu beantworten. Nehmen Sie sich die Zeit, um eine Entscheidung nicht nur mit dem Bauch und dem Herzen, sondern ganzheitlich und vor allem sachlich zu treffen.

Auch wenn Sie sich für die Pflege zuhause entschieden haben, ist eine Reflexion in regelmäßigen Abständen sinnvoll.

Bedenken Sie, dass es keine Schande oder gar Egoismus ist, sich diese Herausforderung nicht zuzutrauen. Egoismus steht nicht für Rücksichtslosigkeit, sondern für einen bewussten Umgang mit anderen und – das sollten Sie niemals vergessen – auch mit sich selbst!

➤ Ist es Ihnen wirklich möglich, die Pflege physisch und psychisch zu bewältigen? Insbesondere die psychische Belastung durch die Pflege der Eltern sollten Sie nicht unterschätzen. Professionelle Pflegekräfte arbeiten mit Empathie, aber auch mit einer gewissen Distanz. Diese Distanz ist Kindern oft nicht möglich, weshalb viele pflegende Angehörige sich selbst überlasten und schlimmstenfalls selbst an Burn-out oder Depressionen erkranken.

➤ Sind Sie bereit, Ihr eigenes Leben zurückzustellen, wenn Sie sich für die Pflege zuhause entscheiden? Ihr Privatleben, Ihre Beziehung, Ihre Familie, den Beruf, die Freizeit, Hobbys und vieles mehr?

➤ Überlegen Sie, wer Sie unterstützen kann, bei der Pflege, bei der Organisation oder auch in finanzieller Hinsicht. Suchen Sie sich Hilfe und nehmen Sie diese auch an – niemand muss und kann alles alleine schaffen.

Hilfe, die Kinder ziehen aus

Kapitel 22

... wenn die neue Freiheit beunruhigend ist ...

Erschöpft ließ Marianne sich in den Sessel sinken. Gerade hatte sie die Haustür hinter ihrer Tochter Luna und deren Freunden geschlossen. Die jungen Leute schleppten die letzten Umzugskartons zum Auto, um sie zu Lunas WG zu fahren. Die WG, in die sie heute einzog – und damit aus ihrem Kinderzimmer im Elternhaus auszog. Marianne seufzte.

Sie wusste im Moment nicht, wie sie sich fühlte und was sie mit sich anfangen sollte. »Ruhig ist es hier«, dachte sie. »Nach dem Umzugstrubel ist es ohne das ständige Witzeln der Kinder und die unerhört laute Musik sehr ruhig.«

Da klang die Stimme ihres Mannes aus der Küche: »Schatz, kommst du mal?«, und dann hörte sie ein Geräusch, das verdächtig nach Korkenknallen klang.

Verwundert ging sie in die Küche, wo ihr Mann sie freudestrahlend erwartete. Er hielt ihr tatsächlich ein Glas Champagner hin und sagte feierlich: »Jetzt, mein Schatz, haben wir es geschafft! Sie ist flügge, das Haus gehört wieder uns!« Liebevoll nahm er sie in die Arme und flüsterte: »Luna schafft das. Sie ist ein großartiges Mädchen und wird klarkommen!«

Seien Sie sich bewusst, dass Sie ihre Kinder nicht verlieren! Sie geben ihnen die Freiheit, in die nächste Phase ihres Lebens einzutreten – und dieselbe Chance haben Sie jetzt auch!

Marianne nickte nachdenklich. Tatsächlich machte sie sich weniger Sorgen um ihre Tochter als um sich selbst und ihren Mann. Christoph und sie hatten sich bewusst auf diese neue Phase ihres Lebens vorbereitet. Und trotzdem machte ihr die neue Situation Angst. Würden sie mit der neuen Freiheit und der Zweisamkeit gut umgehen?

Als Luna ihnen verkündet hatte, dass sie mit ihren besten Freunden in eine WG ziehen wolle, haben Christoph und Marianne sich mit gemischten Gefühlen angesehen. Im Laufe ihres gemeinsamen Lebens haben sie immer mal wieder davon geträumt, so frei und ungebunden zu sein wie zu Beginn ihrer Ehe. Jetzt, wo es anscheinend so weit war, fühlten sie sich verunsichert.

 Stellen Sie sich Ihren – durchaus gemischten – Gefühlen und seien Sie in Ihrer Partnerschaft offen und auch aufmerksam. In der Regel geht es beiden ähnlich.

Ein paar Tage nach Lunas Offenbarung sprach Christoph beim gemeinsamen Abendessen in ihrem Lieblingsrestaurant das Thema »Luna« an. Er erzählte von seinem »Abschiedsschmerz, sein kleines Mädchen gehen zu lassen«, und dass er gleichzeitig große Lust hatte, wieder mehr Zeit in sein Hobby, das Kochen, zu investieren. Vorsichtig erkundigte er sich bei Marianne, wie sie sich fühlte bei der Aussicht, bald wieder mehr Zeit zu ihrer eigenen Verfügung zu haben.

Erleichtert hörte Marianne ihrem Mann zu. Er war immer so optimistisch und dass er schon Pläne hatte, gefiel ihr.

Der Gedanke, jetzt nur noch aufeinanderzuhocken, hatte ihr Sorgen bereitet. Sie gestand ihm, dass sie eine große Sehnsucht nach dem Meer hatte und wirklich gerne auf eine Reise gehen würde. Einen Städtetrip, auf dem kein Teenager mürrisch hinter ihr herschlurfte, ohne Augen für die Schönheit fremder Städte und Kulturen zu haben. Christoph hat begeistert reagiert.

 Machen Sie Pläne für die Zeit nach dem Auszug Ihrer Kinder. Finden Sie gemeinsame und auch getrennte Aktivitäten oder Hobbys, auf die Sie Lust haben. Sich abends zu erzählen, was man erlebt hat, kann die ungewohnte Leere am Esstisch füllen.

Marianne und Christoph haben beschlossen, ihre Ideen zu verbinden. Sie entschieden sich für eine kulinarische Rundreise durch die Emilia-Romagna. Zwei Wochen lang würden sie das Land bereisen. Sie haben zwei spannende Kochseminare entdeckt, an denen sie beide teilnehmen wollten. Städte bestaunen, hervorragend kochen und essen, gemeinsam am Strand sitzen und die Zeit genießen, darauf freuten sie sich beide. Eine Woche nach Lunas Auszug sollte es losgehen. So blieb ihnen jetzt kaum Zeit, wehmütig zu werden. Die Reisevorbereitungen nahmen sie in Beschlag und die Vorfreude stieg.

 Geben Sie sich und ihrer Partnerin oder ihrem Partner Zeit herauszufinden, worauf Sie Lust haben.

Der Urlaub wurde ein großer Erfolg. Natürlich krachte es auch mal zwischen Marianne und Christoph. Sie schafften es aber immer, das Thema zu klären, und hatten beide das Gefühl, sich wieder ein Stück weit besser kennengelernt zu haben. Und sie schmiedeten weitere Pläne. Marianne erkannte, wie sehr sie in den letzten Jahren die Kultur vermisst hatte.

Und Musik! Früher waren sie und Christoph häufig auf Konzerte gegangen. Sie würde zu Hause ein kleines Programm zusammenstellen und ein paar Tickets organisieren. Und vielleicht holte sie mal wieder ihre Klarinette heraus. Christoph war begeistert. Er erinnerte sich, wie viel Spaß sie früher auf den unterschiedlichsten Konzerten hatten. Vielleicht hatten auch ein paar Wegbegleiter von damals Lust, mal wieder etwas gemeinsam zu unternehmen.

 Intensivieren Sie die Kontakte zu Menschen, die Ihnen guttun und mit denen Sie Spaß haben!

Marianne und Christoph waren ziemlich erstaunt und auch erfreut, wie leicht es war, den Kontakt zu alten Freunden wieder aufzunehmen. Bei manchen war es so, als hätten sie sich kürzlich erst gesehen. Sie konnten nahtlos beim letzten Treffen, das immerhin ein paar Jahre zurück lag, anknüpfen. Marianne genoss es, sich jetzt auch mal am Nachmittag mit ihren Freundinnen in einem Café treffen zu können, über alles und nichts zu ratschen und dabei die Zeit zu vergessen. Hier konnte sie auch stolz, mit ein bisschen Wehmut gemischt, über Lunas neue Selbstständigkeit und ihre weiteren Pläne berichten. Ihre Freundinnen verstanden sie, zum Teil waren sie in der gleichen Situation.

Schaffen Sie sich neue, gemeinsame Rituale.

Ein paar Monate später saßen Marianne und Christoph nach dem Frühstück bei einem Espresso auf der Terrasse. Dieses kleine Ritual war in ihrem Italienurlaub entstanden. Sie sprachen über den letzten Abend und die interessanten Jazz-Interpretationen, die sie in der dunklen, versteckt gelegenen Jazz-Bar gehört hatten.

Die Bar war ein Tipp von Christophs Kochlehrerin gewesen,

deren Kurs er wöchentlich besuchte. Gleich würde er aufstehen und in der Küche verschwinden. Luna wollte zum Mittagessen vorbeikommen, mit ihrem neuen Freund.

Christoph seufzte. Sein kleines Mädchen. Dann straffte er die Schultern. Keine Zeit für Wehmut, das Mittagsessen kochte sich nicht von allein, und er freute sich auf die gemeinsame Zeit. Genauso wie er sich auf den nächsten Urlaub mit seiner Frau freute. Und den nächsten Konzertbesuch. Und die nächste Kochstunde.

Womit habe ich gerne Zeit verbracht, bevor die Kinder auf die Welt kamen?

....

....

Wonach hatte ich in den letzten Jahren Sehnsucht? Welche Themen und Hobbys interessieren mich besonders?

....

....

Abschied von Chevy

Kapitel 23

... wenn man den Abschied von dem geliebten Tier bewältigen muss ...

Mein Chevy. Jeden Morgen, wenn ich aufgewacht bin, hat er sich ganz fürchterlich gefreut. Der Tag konnte beginnen. Und dass dieser Tag wunderbar werden würde, davon war Chevy täglich überzeugt.

Wir haben uns aufgemacht zur Morgenrunde, bei jedem Wetter, an jedem Tag. Danach gab es Frühstück. Natürlich zuerst für Chevy, danach für mich. Er hat mich beobachtet, stundenlang, mich analysiert. Mit mir intensiv kommuniziert, auch ohne Worte.

Dieser Blick, diese wunderschönen Augen, diese unbändige Lebensfreude.

Später am Tag haben wir ausgiebige Spaziergänge durch die Natur gemacht oder uns mit Hundefreunden zum »Play Date« getroffen.

Chevy war überglücklich, wenn ich nach Hause gekommen bin, egal, ob ich vier Minuten oder vier Stunden weg war. Wie ich ausgesehen habe, ob gestylt oder im Jogginganzug, mit geföhnten oder strubbeligen Haaren, das war ihm völlig egal. Wichtig war nur, dass wir zusammen waren, bei ihm, mit ihm.

Stundenlange Spaziergänge, Kuscheln auf dem Sofa, Füttern, Fellpflege, Tierarztbesuche, Hundeschule, Pfotenputzen, einige Sorgen und vor allem das tägliche Glück, einen Hund wie meinen geliebten Chevy an meiner Seite zu haben.

Dann kam er, der Tag, vor dem ich so viel Angst hatte. Ich musste mich von Chevy verabschieden.

Warum ist der Abschied von unserem Haustier so anders und doch genauso schwer wie der Abschied von geliebten Menschen?

Was die Intensität des Zusammenlebens mit einem Haustier von der Beziehung zu Freunden, Bekannten oder Verwandten unterscheidet? Wir sind für unser Tier verantwortlich. Wir sind die Hauptperson in seinem Leben, wir füttern, pflegen, lieben es.

Wie das Leben des Hundes verläuft, ist vollkommen abhängig von unserem Verhalten. Mehr Verantwortung für ein Lebewesen kann man nicht haben – und die einzige Beziehung, die zwischen Menschen ähnlich gelagert ist, ist die zwischen Eltern und Kindern.

Kaum ein Hund wird glücklich und friedlich in seinem Körbchen einschlafen, wenn seine Zeit gekommen ist. Fast immer wird der Gang zum Tierarzt notwendig sein. Wir müssen oder dürfen unser Tier erlösen, wenn es krank oder sehr alt ist. Wir müssen diese Entscheidung treffen, die zu den schwersten Entscheidungen in unserem Leben gehört.

Wann genau ist der richtige Zeitpunkt, um unser Tier gehen zu lassen?

Lässt man das Tier womöglich zu früh gehen, wenn es doch

noch ein paar schöne Tage hätte haben können? Lässt man sein Tier zu spät gehen und ist verantwortlich für den Schmerz und das Leid, das das Tier ertragen muss, weil wir uns nicht rechtzeitig verabschieden konnten? Sind wir zu egoistisch, weil wir unser Tier noch nicht gehen lassen wollen?

Wenn der Kopf des Tieres noch klar ist, dann wird seine Lebensqualität der Maßstab für unsere Entscheidung sein. Das ist sicherlich von Tier zu Tier unterschiedlich. Der selbstbewusste, sportliche Hund wird leiden, wenn er aufgrund von starker Arthrose körperlich nicht mehr ausgelastet werden kann. Der kuschelige, gemütliche Hund wird leiden, wenn er uns nicht mehr begleiten kann und sich einsam fühlt.

Wie trifft man diese folgenschwere Entscheidung?

➤ Chevy wollte immer mit uns in einem Raum schlafen. Nicht im Bett, sondern in seinem Körbchen vor unserem Bett. Irgendwann ging es nicht mehr, weil er die Treppe nicht mehr bewältigen konnte und wir ihn mit seinen 42 Kilo nicht hochtragen konnten.

➤ Chevy wollte immer dabei sein: im Urlaub, im Restaurant und bei Spaziergängen in der Umgebung sowieso. Irgendwann ging es nicht mehr, weil er die Rampe ins Auto nicht mehr erklimmen und den glatten Boden im Restaurant und auch kurze Strecken nicht mehr sturzfrei laufen konnte.

➤ Chevy wollte immer im Garten liegen und sein Haus bewachen. Irgendwann ging es nicht mehr, weil er kaum noch ohne Schmerzen liegen oder sitzen konnte und auch der Weg in den Garten zu anstrengend wurde.

➤ Chevy hat es geliebt, mit mir in die Hundeschule zu gehen.

Irgendwann ging es nicht mehr, weil er auch kleine Übungen nicht mehr ohne Schmerzen und Stolpern schaffen konnte.

In all diesen Situationen hat Chevy still gelitten und ich tausendfach mit ihm. Das war für mich der Zeitpunkt, ihn gehen zu lassen. Auch wenn mein Herz gebrochen ist.

Was macht Ihren Hund glücklich – und was davon ist noch Teil seines derzeitigen Lebens?

Oft hilft es, eine Liste zu erstellen, um die Emotionalität für einen Moment außen vor zu lassen, und zu versuchen, eine objektive Grundlage für Ihre Entscheidung zu schaffen. Seien Sie ehrlich, das sind Sie Ihrem Hund schuldig.

Bitten Sie Ihren Tierarzt um Rat, besprechen Sie die Lage offen und intensiv mit Ihrer Familie und Freunden, hören Sie auf Ihr eigenes Bauchgefühl.

Und wenn Sie diese eine Entscheidung getroffen haben, seien Sie stark für Ihren Freund. Ihr Hund wird verunsichert, wenn Sie ihm stundenlang in sein Fell weinen oder ihn umklammern. Er wird spüren, dass etwas ganz und gar nicht in Ordnung ist, und kann dennoch nicht helfen. Das führt zu unnötigem Stress. Versuchen Sie zu zeigen, dass Sie die Situation im Griff haben, auch wenn das natürlich nicht der Fall ist.

Wie gehe ich mit dem Schmerz um?

Nach dem Gang zum Tierarzt bleiben der Schmerz und die Leere im Haus und in Ihnen. Ihr bester Freund ist nicht mehr da.

Man fühlt sich häufig kraftlos, allein, verzweifelt. Es gibt leider keine Patentlösung, wie Sie mit dem Verlust umgehen können, damit der unsägliche Schmerz nachlässt.

Dennoch ist gerade bei dem Verlust Ihres Haustieres intensive Trauerarbeit wichtig.

> Denken Sie daran, dass Ihr Tier in Ruhe eingeschlafen ist, es spürt keinerlei Schmerz mehr.

> Sie hatten die Kraft, die Liebe und den Mut, ihm weiteres Leid zu ersparen.

> Erlauben Sie sich selbst Trauer und Trost, auch wenn manch einer sagt, es sei »nur« ein Tier. Es ist nicht »nur ein Tier«, es ist Ihr Familienmitglied gewesen, Ihr bester Freund, Ihr Wegbegleiter über viele intensive Jahre.

> Sprechen Sie über Ihre Trauer, mit Familie und Freunden, vor allem mit Betroffenen, die auch ihr Tier verloren haben und Ihren Schmerz nachfühlen können

> Lassen Sie Ihre Schuldgefühle und Selbstvorwürfe zu, um diese zu analysieren und zu verarbeiten. Aber stehen Sie zu Ihrer Entscheidung, die Sie schließlich nicht leichtfertig, sondern ganz im Sinne Ihres geliebten Tieres getroffen haben, und hinterfragen Sie diese nicht dauerhaft.

> Setzen Sie Ihrem Tier ein Andenken oder begehen Sie eine kleine Bestattungszeremonie. Es gibt – im Gegensatz zur menschlichen Asche – keine gesetzlichen Vorschriften zur Asche von Tieren. Sie können also die Asche ihres Tieres begraben, an seinem Lieblingsort verstreuen oder in einer Tier-Urne bei sich zu Hause aufstellen.

> Oft hilft es, ein Lieblingsbild von ihrem Tier aufzuhängen. Das erinnert an die gute Zeit, die Sie ihm in seinem Leben geschenkt haben, und lässt ihm für immer einen würdigen Platz in Ihrem Leben und Ihrem Herzen.

Unsere individuellen Situationen sind zu unterschiedlich, als dass es nur den einen richtigen Weg gibt. Lassen Sie Ihre eigene Trauer zu und nehmen Sie Hilfe in Anspruch, wenn Sie das Gefühl haben, den Abschied mit der entstandenen Leere und der Trauer nicht alleine bewältigen zu können.

zum Ausfüllen

Was habe ich am meisten an dir geliebt? Was hat dich einzigartig gemacht?

....

....

Was werde ich für immer in Erinnerung behalten? Was fehlt mir besonders?

....

....

Das habe ich von dir gelernt:

....

....

Besonders diese Erinnerungen an dich bringen mich zum Lächeln:

....

....

Der kleine Small Talk Guide

Kapitel 24

... wie Sie mit Leichtigkeit plaudern ...

»Nein, ich gehe nicht mit, ich hasse diese Small-Talk-Events. Small Talk ist nichtssagend und langweilig. Die Veranstaltung kostet mich so viel Kraft und ist einfach nur anstrengend. Ich bin nun mal ein introvertierter Typ und kein Small-Talk-Mensch.« Nina guckt ihren Mann bockig an.

Sven würde gerne zu der Jahresfeier des Golfclubs gehen. Aber nicht alleine.

Natürlich würden in den meisten Fällen oberflächliche Gespräche entstehen, aber die Möglichkeit, neue Kundinnen und Kunden zu akquirieren oder den Kontakt zu seinem bestehenden Kundenkreis zu intensivieren, will Sven sich nicht entgehen lassen. Eine entspanntere Atmosphäre wäre kaum vorstellbar.

Nina und Sven erinnern sich amüsiert an dieses Gespräch vor einigen Wochen. Direkt danach hat Sven seiner Frau einen Small-Talk-Kurs geschenkt, an dem sie anfangs noch etwas zögernd, im Laufe des Kurses aber mit viel Freude teilgenommen hat. Seitdem ist sie zwar immer noch kein großer Fan des Small Talks, aber durchaus in der Lage, ohne Stress leichte, beiläufige Gespräche zu führen.

Das hat sich auf der letzten Grillparty von Ulla und Olaf bemerkbar gemacht, auf der sie mit Menschen zusammenstanden, die sie nicht kannten. Normalerweise hätte Nina sich verkrümelt und am Buffet versucht, geschäftig auszusehen, damit sie niemanden ansprechen muss. Dieses Versteckspiel hatte ein Ende. Sie ist einfach auf eine kleine Gruppe Gäste zugegangen und hat mit den im Kurs geübten Sätzen ein unverbindliches Gespräch begonnen, und kurze Zeit später standen Sven und Nina lachend in der Runde.

Auch die jährliche Betriebsfeier mit unendlich vielen Mitarbeiterinnen und Mitarbeitern hat ihre beängstigende Wirkung verloren. Nina konnte sich unbekannten Menschen mit einem lockeren Small Talk anschließen und fühlte sich nicht mehr alleine oder verunsichert.

Dieser Small-Talk-Kurs war eine tolle Idee – und vor allem sehr lustig. Alle waren in der gleichen Situation und gestanden sich ihre Angst ein, ein Gespräch zu beginnen oder das Falsche zu sagen.

In der Gruppe haben sie viele Situationen geübt und sich ein paar Standardsätze »für alle Fälle« zurechtgelegt. Zum Beispiel über Themen wie Wetter, Kochen, Lieblingsessen, Anreise, Filme, Bücher, Serien, Musik, Konzerte, Garten, Hobbys, Wochenendpläne, Haustiere, Urlaub, Reiseziele, Natur, Spaziergänge oder Wandern – es gab weitaus mehr unverfängliche Themen, als Nina bewusst war.

Als ihren Lieblingseinstieg in den Small Talk hat Nina folgende Sätze auserkoren: »Heute ist das Wetter ja wunderbar. Nächste Woche soll es auch richtig schön werden, sagt meine App. Da möchte man am liebsten Urlaub haben. Haben Sie schon einen Urlaub geplant?« Das kam immer sehr positiv an und die Leute fingen fröhlich an zu plaudern.

Im Small-Talk-Kurs wurde ihnen geraten, die Bereiche Politik, Religion, Fußballvereine oder aktuelle Reizthemen zu vermeiden, da sie bei diesen Themen nur ins Fettnäpfchen treten können. Dem konnte Nina nur zustimmen.

Nina fühlte sich nun gut gerüstet, sogar für die Jahresfeier des Golfclubs.

Kleine Small-Talk-Tipps

Beginnen Sie einen Small Talk mit einem Lächeln

Jeder Mensch wirkt durch ein Lächeln sympathischer. Das löst häufig eine entsprechend freundliche Reaktion Ihrer Mitmenschen aus.

Wagen Sie den Anfang

Nehmen Sie Ihren Mut zusammen und seien Sie es, die bzw. der den Anfang eines Gesprächs wagt. Einen Small Talk kann jede und jeder beginnen, hier gibt es keine Hierarchien, weil Sie munter an der Oberfläche bleiben.

Seien Sie positiv – und bleiben Sie es

Small Talk ist eine beiläufige Konversation ohne Tiefgang, die spontan, zufällig, locker und in einem umgangssprachlichen Ton geführt wird. Ziel ist es, eine positive Stimmung zu schaffen – ohne Gemeckere oder Genörgel.

Stellen Sie offene Fragen

Wenn Sie eine Frage stellen, die mit ja oder nein

beantwortet werden kann, kann schnell wieder eine peinliche Stille eintreten. Mit offenen Fragen beginnt ein lockeres Gespräch.

Interpretieren Sie Reaktionen

Versuchen Sie, die Reaktion Ihres Gegenübers zu spüren. Wenn Sie ausführlich über Ihr letztes Hundetraining berichten, während Ihre Gesprächspartnerin bzw. Ihr Gesprächspartner verzweifelt auf die Uhr und dann ziellos im Raum umherschaut, könnte es sein, dass Sie sie bzw. ihn langweilen. Wechseln Sie in einem solchen Fall geschickt das Thema, indem Sie zum Beispiel nach den Hobbys fragen.

Auch für den Small Talk gilt: Übung macht den Meister.

Stellen Sie sich vor den Spiegel, versetzen Sie sich in private oder berufliche Situationen, und sprechen Sie Ihre Small-Talk-Lieblingssätze laut vor sich hin. Lächeln Sie sich dabei selbst ganz charmant an.

Suchen Sie sich zwei oder drei Sätze aus, die zu jeder Gelegenheit passen, zum Beispiel über das Wetter oder den Urlaub. Diese Sätze sollten Sie so oft üben, bis Sie diese jederzeit mit lässiger Eleganz abrufen können, auch wenn Sie beispielsweise schrecklich nervös oder fürchterlich gelangweilt sind.

Diese Übung macht Spaß – und Sie sind perfekt vorbereitet auf jeden Small Talk.

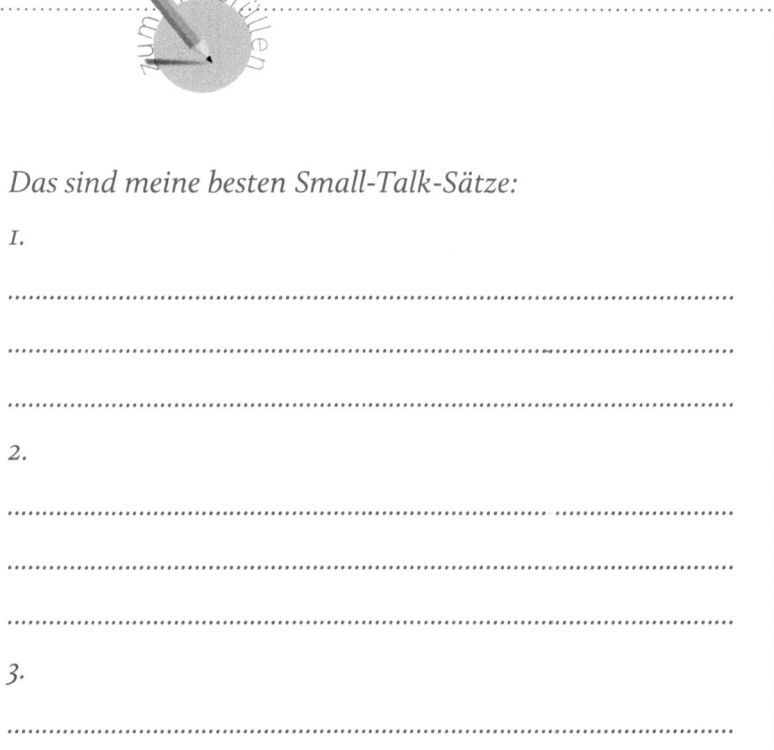

Das sind meine besten Small-Talk-Sätze:

1.

....

....

....

2.

....

....

....

3.

....

....

....

Sofia ist wieder da

Kapitel 25

... wenn Arbeitswelt und Privatleben aufeinanderprallen ...

Lars sitzt grübelnd am Schreibtisch. Sofia, seine langjährige Mitarbeiterin, ist vor einigen Monaten nach fast fünf Jahren Elternzeit wieder ins Arbeitsleben eingestiegen. Er ruft seinen besten Freund Michael an, um ihm sein Herz auszuschütten.

»Sofia hat während der Elternzeit wirklich alles richtig gemacht«, erinnert Lars sich. »Alle paar Monate ist sie alleine oder auch mal mit ihren Kindern im Büro vorbeigekommen, wir haben ein paar Worte gewechselt und uns gegenseitig auf den neuesten Stand gebracht. Der Einstieg in Teilzeit war mit mir besprochen, und wir haben uns alle auf ihren ersten Arbeitstag gefreut. Sie war eine der Leistungsträgerinnen des Unternehmens. Engagiert, fleißig, nett und mit einem hohen Anspruch an die eigene Leistung – also einfach großartig.«

»Und jetzt?«, fragt Michael.

»Ich fühle mich, als wäre ich im falschen Film gelandet«, antwortet Lars kopfschüttelnd. »Mit der Sofia vor der Elternzeit hat sie leider nicht mehr viel zu tun. Klar ist sie immer noch nett, sympathisch und freundlich. Etwas zu nett vielleicht. Man könnte auch sagen, sie ist eine Plaudertasche geworden. Und sie freue sich riesig, dass sie endlich mal mit Erwachsenen über alle möglichen Themen sprechen könne, nicht nur mit Kindern oder über Kinderangelegenheiten, hat sie letztens verkündet.«

»Wie schön für sie«, brummt Michael.

»Sie hat offenbar das Interesse an ihrem Job ziemlich verloren und vermittelt den Eindruck, dass sie zur Arbeit kommt, um sich vom Stress zuhause zu erholen«, berichtet Lars verärgert. »Gestern habe ich sie in der Kaffeeküche tatsächlich ein ›Hach, für mich ist es wie Urlaub hier bei euch‹ flöten gehört. Ich weiß nicht, wie ich darauf reagieren soll.

Innerlich war ich einfach nur wütend. Das Angebot für einen Kunden ist noch nicht fertig, obwohl ich das Team über die enge Abgabefrist informiert habe – und Sofia fühlt sich wie im Urlaub.

Mit dem neuen CRM-System und dem Projektmanagement-Tool, das unser Unternehmen vor drei Jahren eingeführt hat, kommt sie überhaupt noch nicht klar. Und zusätzlich hält sie durch ihren Gesprächsbedarf auch noch ihre Kolleginnen und Kollegen von der Arbeit ab.«

Michael erfährt, dass Lars sich freuen würde, wenn Sofia in den wenigen Stunden im Büro ihren Job gewissenhaft machen würde. Wenn sie nicht dauernd auf ihr Handy starren würde, um zu checken, ob bei den Kindern alles okay ist.

»Natürlich kann sie nichts dafür, dass sie manchmal ausfällt, weil die Kids sich in der Kita eine Erkältung oder so geholt haben«, erzählt Lars weiter, »aber an manchen Tagen habe ich den Eindruck, dass Sofia nur körperlich anwesend, mit ihren Gedanken aber vollkommen woanders ist. Soll ich etwa eine zusätzliche Arbeitskraft einstellen und die Kosten dafür tragen, damit ich ihre Fehlzeiten abdecken kann? Ich führe ein kleines Unternehmen, das kann ich mir nicht leisten.« Michael stimmt nachdenklich zu.

»Andererseits«, vertraut Lars seinem Freund an, »wenn ich ehrlich bin, möchte ich auf Sofia als Mitarbeiterin höchst ungern verzichten. Sie ist sympathisch, ich schätze ihre Wertvorstellungen und ihr Familienbewusstsein. Außerdem habe ich großes Vertrauen zu ihr. Ich bin mir sicher, dass Sofia in den kommenden Monaten wieder zu ihren alten Stärken zurückfinden wird, sich aber im Moment als Familienmanagerin möglicherweise mit allem etwas überfordert fühlt.«

Innerlich ist Lars zwiegespalten, weil er als Vater weiß, was berufstätige Mütter leisten müssen. Darum möchte er Sofia gerne unterstützen. Gleichzeitig muss er sein kleines Unternehmen wirtschaftlich führen, auch um die Arbeitsplätze der übrigen Angestellten zu sichern.

Michael rät Lars, ein erstes Gespräch unter vier Augen mit Sofia zu führen. Er ist zuversichtlich, dass beide mit einer offenen und ehrlichen Kommunikation Verständnis für ihre jeweiligen Sichtweisen schaffen und Lösungswege finden werden. Ansonsten sollte Lars nicht zögern, sich externe Unterstützung zu holen, um es Sofia zu erleichtern, Job und Familie miteinander zu vereinbaren, und um sie als Mitarbeiterin für sein Unternehmen zu halten.

Gute Organisation

Für ein gutes Gelingen des Wiedereinstiegs nach einer Elternzeit sollten Sie nicht nur den Kontakt während ihrer Auszeit halten, sondern sich bereits gut organisieren.

Das betrifft auch Ihre eigene Person, Ihre zeitliche Planung und Ihre Leistungsfähigkeit. Überlegen Sie, wie hoch die Anzahl der Arbeitsstunden sein darf, die Sie in ihrem Leben mit Kindern realistisch zu leisten imstande sind. Besprechen Sie diese Themen auch mit Ihrer Arbeitgeberin oder Ihrem Arbeitgeber.

Kinderbetreuung

 Ein wesentlicher Punkt, den es zu organisieren gilt, ist die Kinderbetreuung während Ihrer Arbeitszeit oder falls ein Kind krank wird.

Bekommen Sie einen Kita-Platz oder ziehen Sie andere Betreuungsformen wie ein Au-pair, eine Tagesmutter bzw. einen Tagesvater oder die Betreuung durch Verwandte oder Freunde in Betracht? Als Arbeitgeberin bzw. Arbeitgeber sollten Sie überlegen, ob Homeoffice im Krankheitsfall des Kindes eine Option ist.

Fachwissen

 Oft wird das eigene Fachwissen vernachlässigt. Besonders in einer Zeit mit rasantem technischem Fortschritt und wirtschaftlichem Wandel macht es nach einer längeren Auszeit sehr viel Sinn, die eigenen Fähigkeiten und Kompetenzen aufzufrischen und in berufliche Fort- oder Weiterbildung zu investieren.

Es gibt ein großes Angebot an Seminaren, Online-Kursen, Videobeiträgen oder speziellen Fachkursen. Arbeitgeberinnen bzw. Arbeitgeber können über eine finanzielle Beteiligung an Fortbildungen nachdenken und das persönliche Engagement anerkennen und wertschätzen.

Kommunikation

Bei allen Schwierigkeiten, die auftauchen, sollten Sie möglichst zeitnah das Gespräch suchen und Ihre Erwartungen und Sorgen klar kommunizieren. Tipps finden Sie im Kapitel 26, »Einfach gute Gespräche führen«.

Sprechen Sie als Arbeitgeberin bzw. Arbeitgeber an, wenn Ihnen beispielsweise fachliche Defizite auffallen oder Sie bestimmte Verhaltensweisen stören. Formulieren Sie als Arbeitnehmerin bzw. Arbeitnehmer, wenn Sie sich überfordert fühlen oder Sie sich Sorgen machen, dass ihre Kinder und die Familie neben der Arbeit zu kurz kommen. Fordern Sie Unterstützung ein, wenn Sie ein fachliches Gap schließen möchten.

Sie können immer gemeinsam eine gute Lösung finden – bevor die Situation eskaliert.

Wertschätzung

Denken Sie an eine sensible Wortwahl und vor allem daran, aktiv zuzuhören. Schauen Sie mal in das Kapitel 29, »Kommunikation mit Lackaffen«. Wenn Sie zufrieden sind, sollten Sie das ebenfalls regelmäßig zum Ausdruck bringen.

Das gilt sowohl für Arbeitgeber- als auch Arbeitnehmerseite. Gespräche sollen schließlich nicht nur bei Unzufriedenheit geführt werden. Gegenseitige Wertschätzung und eine positive Kommunikation sorgen für eine großartige Arbeitsatmosphäre, fördern gute Leistungen und letztlich auch die private Zufriedenheit.

Einfach gute Gespräche führen

Kapitel 26

... wie Sie ein beliebter Gesprächspartner werden ...

Lasse lehnte sich in seinem Bürostuhl zurück und nahm einen Schluck von seinem Kaffee. Er war gerade mit Simon Funnemark aus der Nachbarabteilung beim Mittagessen gewesen. Sie haben ein sehr spannendes und aufschlussreiches Gespräch geführt. Herr Funnemark war eine Koryphäe auf seinem Gebiet. Lasse war fasziniert von der komplexen Materie, für die sein Kollege verantwortlich war.

Überrascht hatte ihn, dass Herr Funnemark sich am Ende des Gesprächs bei ihm bedankt hatte. »Ich hatte selten einen so interessierten und aufmerksamen Gesprächspartner. Ich habe gemerkt, dass Sie sich wirklich für mein Thema und meine Meinung interessieren. Das ist heutzutage leider nicht mehr selbstverständlich. Vielen Dank für Ihre Zeit. Und lassen Sie uns gerne in Kontakt bleiben.«

Lasse freute sich über diese Rückmeldung. Das Kommunikationstraining, an dem er letzten Monat teilgenommen hatte, hat sich gelohnt. Er war diese Gespräche so leid, in denen keiner dem anderen wirklich zuhörte. Geschweige denn wirklich verstehen wollte, was der Gesprächspartner eigentlich meinte. Lasse wollte es besser machen. Er wollte ein Gesprächspartner sein, der zeigte, dass er sich wirklich interessierte, dass sein Gegenüber ein wertvoller Gesprächspartner war und er die Meinung des anderen verstehen wollte.

Also hatte er sich während des Gesprächs vollkommen auf Herrn Funnemark konzentriert. Hatte Blickkontakt mit ihm gehalten und ab und an durch Kopfnicken oder ein »Mhm« signalisiert, dass er ganz bei der Sache war.

Dabei hatte er sich bemüht, mitzudenken und zu verstehen, was Herr Funnemark sagte. Wenn er das Gefühl hatte, gleich den Faden zu verlieren, unterbrach er Herrn Funnemark freundlich, wenn dieser Luft holen musste. »Entschuldigen Sie bitte, ich möchte sichergehen, dass ich Sie richtig verstanden habe.« Dann fasste Lasse mit seinen eigenen Worten zusammen, was er meinte, verstanden zu haben, und setzte »Ist das richtig so?« hinzu. »Verbalisieren« wurde es im Kommunikationstraining genannt.

Offensichtlich hatten Herrn Funnemark die Unterbrechungen nicht gestört. Er hatte freundlich gelächelt, und dann hatte er meistens zustimmend genickt oder seine Aussage etwas erläutert.

Zusätzlich hatte Lasse auch Verständnisfragen gestellt und war sehr froh darüber. So hatten einige Missverständnisse vermieden werden können.

Lasse war beeindruckt von der Leidenschaft, die Herr Funnemark an den Tag legte. An manchen Stellen hatte er gleichzeitig das Gefühl, dass Herr Funnemark ein wenig frustriert war. Beides hatte er angesprochen. Im Training wurde ihm dazu geraten, auch zwischen den Zeilen zu lesen und darauf einzugehen. Auch oder gerade, wenn Emotionen im Spiel waren. »Herr Funnemark, ich sehe Ihre Begeisterung. Kann es sein, dass ich auch ein wenig Frustration heraushöre?«

Herr Funnemark hatte kurz gestockt, eine Augenbraue gehoben und ihm dann bereitwillig von seiner Ungeduld berichtet, schneller mehr Ergebnisse liefern zu können. Das konnte Lasse gut nachvollziehen und hatte verständnisvoll genickt.

> Halten Sie Blickkontakt, um Aufmerksamkeit zu signalisieren.

> Nutzen Sie zustimmende Gesten, Mimik und Geräusche, um Interesse zu signalisieren.

> Um sicherzustellen, dass Sie alles richtig verstehen, fassen Sie das Gehörte mit eigenen Worten zusammen (»Verbalisieren«) und stellen Sie Verständnisfragen.

> Lesen Sie zwischen den Zeilen, und sprechen Sie auch Emotionen an, um eine persönliche Verbindung herzustellen.

Lasse war von dem Gespräch sehr beeindruckt. In den kommenden Wochen übte er seine neuen Kommunikations-Skills sowohl im beruflichen als auch im privaten Kontext. Dabei stellte er fest, dass er gehaltvollere und entspanntere Gespräche führen konnte. Hätte er sich doch schon früher mit dem Thema Kommunikation beschäftigt. Auf jeden Fall würde er weiter an seinen Fähigkeiten arbeiten.

OMG – der neue Chef ist da

Kapitel 27

... wenn sich alles verändert, kommt Ihre Chance ...

Neulich hat Loreen mit ihrer Freundin Bea telefoniert, die in Köln wohnt. Auf die Frage, wie es ihr gehe, entstand eine kurze Stille, in der Bea wohl erst den Mut fassen musste, Loreen ehrlich zu antworten.

»Nicht gut«, hört Loreen die eigentlich immer gut gelaunte Bea maulen. »Ich habe einen neuen Chef. Das wäre ja nicht so schlimm. Da bin ich total unkompliziert. Das ganze Team war sehr offen, um ihm eine faire Chance zu geben.

Aber der ist eine totale Katastrophe. Nicht nur menschlich eine Niete, sondern auch noch fachlich absolut inkompetent. Wenn er nur ein blöder Typ wäre und ich Respekt vor seiner Leistung hätte, käme ich noch damit klar. Aber er hat überhaupt keine Ahnung von unserem Job.

Wie können die so jemanden an diese Position setzen? Er muss ziemlich gute Verbindungen zum Vorstand haben, und deshalb hat er auch noch Rückendeckung trotz seiner schlechten Leistung. Das müssen die doch merken. Es wird nicht lange dauern, dann fliegt uns hier alles um die Ohren. Und ein paar Leute aus seinem alten Team hat er auch noch mitgebracht, super. Genau solche Deppen. Alle haben keine

Ahnung, spielen sich hier aber unendlich wichtig auf. Und wir dürfen nur noch langweilige Aufgaben ohne Verantwortung übernehmen.

Ich muss mir echt einen neuen Job suchen, das halte ich nicht mehr aus. Dabei bin ich schon 16 Jahre in dem Unternehmen, eigentlich möchte ich überhaupt nicht gehen. Und was ist, wenn es woanders genauso schlimm ist? Obwohl, schlimmer kann es gar nicht werden. Die Situation mit diesem Typen ist unerträglich für mich.«

Huch, so ein Redefluss ist gar nicht üblich für die sonst so souveräne Bea. Das Thema scheint sie sehr zu beschäftigen. Neben Bea müssen sich künftig immer mehr Arbeitnehmer mit wechselnden Vorgesetzten auseinandersetzen.

Re- oder Umstrukturierungen sind heutzutage an der Tagesordnung. In fast allen Unternehmen werden jährlich oder im Zweijahresrhythmus Organigramme, Zuständigkeiten und Abteilungen durcheinandergewürfelt – und wieder neu zusammengesetzt. Und dabei gibt es häufig neue Vorgesetzte, von interner oder externer Seite.

Gewohnheiten ändern und Flexibilität zeigen sind nicht jedermanns Sache, auch wenn wir denken, dass wir jedem Menschen eine faire Chance geben und für Neues offen sind. Die immer gleiche Frage, die gestellt wird, lautet: »Was soll ich jetzt tun? Bleiben oder kündigen?«

Was klar ist: Ihr neuer Chef bleibt Ihr neuer Chef. In den seltensten Fällen wird sich das zeitnah ändern. Sie können sich also mit Ihrem neuen Vorgesetzten arrangieren – oder etwas in Ihrem Leben ändern.

Wie Sie Ihre Situation verbessern können?

Den neuen Chef zu mobben ist wohl die unglücklichste aller Alternativen. »Wer auf Rache aus ist, der grabe zwei Gräber«, gab schon der schlaue Konfuzius zu bedenken. Die Kraft für einen Machtkampf oder hinterlistige Attacken gegen den neuen Chef können und sollten Sie sich sparen. Das kostet Ihre eigene Lebensqualität, und zielführend ist es fast nie.

Gehen Sie die Alternativen einmal durch:

Sie bleiben in dem Job

Sie bleiben in Ihrem alten Job und geben dem neuen Vorgesetzten eine Chance. Das ist empfehlenswert, wenn Ihr Unternehmen, in dem Sie schon mehr oder weniger viel Zeit Ihres Lebens verbracht haben, zu Ihnen passt. Oder täuschen Sie sich selbst, indem Sie sich hinter dem Schutzschild der Treue dem Unternehmen gegenüber verstecken? Haben Sie Angst, die netten Kolleginnen und Kollegen – von denen es schließlich einige gibt – zu enttäuschen oder zu verlieren? Niemand stürzt sich freiwillig in Veränderungen.

Aber genauso wenig sollten Sie aus Angst vor Veränderungen aufgeben oder auf Wertschätzung verzichten. Sie müssen weder eingeschnappt sein noch sich klein machen, nur weil die Unternehmensführung Sie nicht gefragt hat, ob Sie mit dem neuen Vorgesetzten einverstanden sind oder gar den Chefposten selbst übernehmen möchten.

Wenn Sie sich doch mit der neuen Situation arrangieren möchten, beschäftigen Sie sich mit Kapitel 12, »Raus aus der Unsichtbarkeit«.

Sie kündigen

Einfach so? Ohne Perspektive und ohne Idee, was kommt? Das sollten Sie nur in Betracht ziehen, wenn Ihr Bankkonto einen ausreichend hohen Betrag aufweist, der Sie das ohne Zukunftsängste tun lässt.

Ist das nicht der Fall, sollten Sie diese Option umgehend streichen. Seien Sie nicht beleidigt, und vermeiden Sie Kurzschlussaktionen. Nehmen Sie Ihre Zukunft lieber mit einem guten Plan in die eigene Hand.

Sie stellen sich dem Arbeitsmarkt

Stellen Sie sich dem Arbeitsmarkt und prüfen Sie Ihren Marktwert. Sie haben nichts zu verlieren.

Fangen Sie doch damit an, die Bewerbungsportale zu checken. Wäre ein Jobangebot dabei, das Sie anspricht? Und dabei geht es nicht darum, was Ihre Vernunft anspricht. Lassen Sie Ihr Herz und Ihr Bauchgefühl sprechen.

Versuchen Sie, auf den diversen Job-Portalen im Internet die Suche nicht einzugrenzen, lassen Sie einfach alle einschränkenden Filter offen. Vielleicht ist ein Job dabei, der Sie glücklich machen könnte, an den Sie vorher niemals gedacht haben.

Parallel können Sie Ihre Bewerbungsunterlagen auf den neuesten Stand bringen. Nicht nur inhaltlich, auch auf ein passendes und modernes Layout sollten Sie achten. Gute Tipps bekommen Sie in Kapitel 30, »Bewerbung 4.0 – Max ist am Start«.

Sie sind offen für Veränderungen

Nutzen Sie die Gelegenheit, die sich Ihnen gerade bietet,

um zu träumen. Was wollten Sie immer schon mal machen? Wann und warum ist Ihr Berufstraum in die weite Ferne gerückt?

Wenn Sie den gleichen Wunsch haben wie der kleine Grisu, dann werden Sie Feuerwehrfrau oder Feuerwehrmann! Genau jetzt ist Ihre Chance.

Sie schließen Qualifikationslücken

Sie sind der Ansicht, dass Sie all das, was Sie wirklich möchten, nicht können? Dann schließen Sie Ihre Qualifikationslücken.

Lassen Sie Ihr Sofa am Abend alleine, testen Sie mit ersten Kursen oder Praktika, ob eine bestimmte berufliche Richtung Ihnen wirklich Spaß macht.

Träumen Sie von der Selbstständigkeit? Dann prüfen Sie die Erfolgschancen Ihrer Geschäftsidee mit einem Businessplan; Tipps dazu finden Sie in Kapitel 33, »Maries erstes eigenes Unternehmen«. Nehmen Sie bei Bedarf ein Coaching in Anspruch, und lassen Sie sich auf Ihrem spannenden Weg begleiten.

Sie denken über einen neuen Wohnort nach

Was wäre eigentlich, wenn Sie nicht nur den Job, sondern auch gleich Ihren Wohnort ändern? Sind Sie gebunden an Ihren Wohnort, ist es Ihr Zuhause? Wohnt Ihre Familie dort? Ihre Freunde? Wenn Sie ausgesprochen zufrieden sind mit Ihrem aktuellen Wohnort, viele langjährige tiefe Freundschaften und Ihre Familie dort haben, gibt es keinen Grund, umzuziehen. An einem anderen Wohnort würden Sie vermutlich den Kopf hängen lassen.

Falls allerdings der Ort, an dem Sie momentan leben, nicht

der »einzig wahre« für Sie ist, wäre genau jetzt eine gute Gelegenheit, in neue Gefilde aufzubrechen. Vielleicht wartet Ihre Familie genau darauf, endlich mal was Neues zu sehen? Oder Ihre Freunde freuen sich schon auf Besuche in einer neuen Umgebung? An die positive Erweiterung Ihres Freundeskreises dürfen Sie dabei auch ruhig denken.

Wohin würden Sie denn gut passen?

➤ Ins südliche Europa, mit Meer und Sonne?

➤ In den Norden, mit Kluntjes im Tee und ordentlich Wind?

➤ Noch weiter hoch, nach Skandinavien, wo es nach dem

OECD Better Life Index die beste Lebensqualität zu geben scheint?

➤ Was halten Sie von Berlin, um endlich mal die berühmte

Großstadtluft atmen zu können?

➤ Oder soll es raus aufs Land gehen, mit Hund und Pferd und glücklichen Hühnern?

Wenn nicht jetzt, wann dann?

Fühlen Sie in sich hinein – und setzen Sie Ihre Träume in die Wirklichkeit um. Sie werden glücklich sein.

Wovon träume ich?

....

....

Was kann ich tun, um meinen Traum zu realisieren?

....

....

....

....

....

....

Mit Frau Huber
rede ich nicht!

Kapitel 28

... wenn die Emotionen überkochen – Konfliktsituationen im Büro ...

Die Müller GmbH hat in den vergangenen zwei Jahren einen neuen Firmensitz errichtet und jetzt geht es an die konkrete Umzugsplanung. Alle Mitarbeiterinnen und Mitarbeiter sind aufgeregt und freuen sich auf die neuen hochmodernen Arbeitsplätze.

Milla Huber, die nette Assistentin von Herrn Maier, und Johanna Neumann, die ebenfalls sehr sympathische Assistentin von Frau Umbusch, sollen sich künftig ein Büro teilen.

Das finden beide ganz prima, denn sie verstehen sich ausgesprochen gut. Hinzu kommt, dass ihre Arbeitsinhalte viele Überschneidungen bieten. Diese können Milla und Johanna in einem Büro unkompliziert und kollegial besprechen.

Nun hat das neue Büro eine Glastür zum Flur und ein großes Fenster Richtung Garten. Ein wunderbarer Garten, wie beide finden. Stauden und Wiesenblumen blühen überall und schon der Anblick entspannt. Von der Umzugsplanerin des Unternehmens war angedacht, dass die beiden Schreibtische im Büro so angeordnet werden, dass ein Schreibtisch am Fenster steht und ein Schreibtisch Richtung Tür zeigt.

Milla und Johanna schauen auf die Skizze, die die Position

der beiden Tische anzeigt, und starren auf ihre neue Räumlichkeit.

Die Diskussion beginnt.

Beide möchten den Tisch am Fenster Richtung Garten. Klar. Wer will schon den ganzen Tag auf den langweiligen grauen Flur gucken und andauernd vorbeilaufenden Kolleginnen und Kollegen zunicken?

Nachgeben möchten weder Milla noch Johanna, zu attraktiv ist der Blick aus dem Fenster. Der Garten ist wirklich traumhaft angelegt und wird zu jeder Jahreszeit wunderschön sein.

So richtig gute Argumente, warum gerade die andere den Schreibtisch am Fenster nicht bekommen sollte, hat allerdings keine von ihnen. Daher wird die Diskussion schleppend und ein alternativer Lösungsansatz wird nicht gesucht.

 Gerade in der Diskussionsphase raten wir dazu, neutrale interne oder externe Hilfe in Anspruch zu nehmen, die mit einem unbefangenen Blick und neuen Ideen helfen kann, einen Konflikt zu vermeiden.

 Betrachten Sie bewusst und auch immer mit einem gewissen zeitlichen und emotionalen Abstand eine anfängliche Diskussion. Lohnt es sich wirklich, hier einen tieferen Konflikt entstehen zu lassen?

Die Sachfrage um die Zuteilung der Schreibtische wird zunehmend von Emotionen überlagert. Irgendwann sagt Milla in zickigem Tonfall: »Dann nimm du den Schreibtisch Richtung Garten, du guckst ja sowieso nur den ganzen Tag zum Fenster raus.« Johanna reagiert erschrocken, aber nicht weniger gereizt: »Was soll das denn jetzt? Wer hat dich denn vertreten, als du wochenlang krank warst und direkt danach in den Urlaub gegangen bist? Willst gerade du mir sagen, dass ich zu wenig arbeite?«

»Aha«, Milla wird lauter, »war ja klar, dass du mir das irgendwann vorwirfst, darauf habe ich schon die ganze Zeit gewartet. Wahrscheinlich hast du dich bei deiner Chefin schon über mich beschwert.«

 Bleiben Sie wertschätzend in der Kommunikation. Hören Sie gut zu, lassen Sie Ihre Gesprächspartnerinnen und -partner ausreden, fragen Sie nach. Es ist maßgebend, dem Gegenüber so viel Aufmerksamkeit zukommen zu lassen, wie Sie diese auch für sich beanspruchen.

 Wir empfehlen die Methode der Gewaltfreien Kommunikation, da wir mit dieser recht einfachen und positiven Methode in der Praxis ausgezeichnete Erfahrungen gemacht haben. Insbesondere, um die Überlagerung einer Diskussion durch Emotionen zu vermeiden. In Kapitel 29, »Kommunikation mit Lackaffen« finden Sie dazu einige Tipps.

Da ist sie, die Eskalation. Milla fühlt sich nicht ernst genommen. Sie geht, genau wie Johanna, zum Gegenangriff über. Eine sachliche Kommunikation können sie ab sofort vergessen. Beide versuchen, unbeteiligte Dritte auf ihre Seite zu ziehen.

»Meine Chefin hat selbst herausgefunden, dass wir uns auf dich besser nicht verlassen sollten. Und Monika aus der Personalabteilung sieht das übrigens genauso wie ich«, kreischt Johanna. »Ach ja?«, stottert Milla unruhig, »dein Lieblingskollege Oliver hat mir gesagt, dass du immer gerne hinter dem Rücken lästerst. Das wissen inzwischen alle. Wenn ich mit dir in ein Büro muss, werde ich kündigen, darauf kann Herr Maier sich verlassen.«

Die beiden haben sich übrigens kein Büro geteilt, sondern sind mit anderen Kolleginnen und Kollegen zusammengesetzt worden.

Fünf Jahre später

Der freudig erwartete Betriebsausflug der Müller GmbH steht an. Der Bus soll das Team einsammeln. Erst geht es zum Bogenschießen, dann in das neue Restaurant am Marktplatz und anschließend ins Bowlingcenter.

Mareike Hertel, seit einem Jahr im Controlling des Unternehmens tätig, erstellt frohgemut den Sitzplan für den Bus. Ihr Kollege Gonne sieht ihr über die Schulter und kommentiert: »Auf gar keinen Fall können Sie Milla und Johanna nebeneinandersetzen! Das gibt Mord und Totschlag.« – »Tatsächlich?«, wundert sich Frau Hertel. »Warum denn?«

Tja, warum eigentlich? Das weiß niemand mehr so genau. Auch Milla und Johanna nicht. Die ehemals besten Kolleginnen und Freundinnen gehen sich seit Jahren aus dem Weg, sprechen nur noch über berufliche Themen, wenn es sich nicht vermeiden lässt. Der Konflikt ist chronisch und zu einer zwischenmenschlichen Eiszeit geworden und wird vermutlich nie mehr ein Ende finden.

 Auch wenn die Fronten verhärtet scheinen, ist es sinnvoll, Hilfe in Anspruch zu nehmen. Ein Coaching oder eine Mediation haben schon häufig nervenaufreibende Auseinandersetzungen gelöst. Damit kann das Arbeitsklima und die Leistungsfähigkeit von Teams wieder auf ein gesundes Level gehoben – und das

Wohlbefinden und damit auch die Gesundheit aller Beteiligten geschont werden.

Befinde ich mich gerade in einem Konflikt, den ich am liebsten lösen möchte?

....

....

In welcher Konfliktphase befinde ich mich (Diskussion, Überlagerung, Eskalation, Verhärtung)?

....

....

....

Traue ich mir zu, den Konflikt alleine zu lösen, oder sollte ich besser Hilfe in Anspruch nehmen?

....

....

....

Kommunikation mit Lackaffen

Kapitel 29

... weil Worte sehr verletzen können ...

»Das kann doch nicht wahr sein, jetzt hat Bernd sich schon wieder bei den Kollegen abfällig über mich geäußert. Dieser Lackaffe.« Sonja stiefelt wütend, mit hochrotem Kopf und zornigen Worten auf den Lippen auf das Büro des Kollegen zu und ... hält einen Moment inne.

Sie hat doch letztens das Kommunikationsseminar besucht, wurde da nicht was von Gewaltfreier Kommunikation erzählt? Nicht, dass sie geplant hätte, Bernd eine Ohrfeige zu verpassen. Das würde sie nur in Gedanken tun. Es ging im Seminar darum, verbale Gewalt zu vermeiden.

Sonja geht zurück in ihr Büro und holt ihren Spickzettel aus der Schublade. Genau, da steht es ja: »Gewaltfreie Kommunikation ... Beobachtung, Gefühl, Bedürfnis, Bitte.« Wäre doch mal einen Versuch wert.

Sonja sortiert in Ruhe ihre Gedanken und geht dann deutlich entspannter zu Bernd.

»Bernd, ich habe gehört, dass du schlecht über mich geredet hast (Beobachtung). Mich verletzt das sehr (Gefühl). Ehrlichkeit und Offenheit sind mir sehr wichtig, gerade weil wir in einem Team arbeiten (Bedürfnis). Bitte sprich mich direkt an, wenn dich etwas ärgert oder ich mich falsch verhalten habe. Dann können wir darüber sprechen und gemeinsam etwas ändern und eine Lösung finden (Bitte).«

Bernd steht sprachlos und auch etwas verlegen vor ihr. Damit hat er nicht gerechnet.»Es tut mir leid«, entschuldigt er sich bei Sonja. Sonja und Bernd haben sich tatsächlich eine Stunde später zusammengesetzt, um über die Punkte zu sprechen, die beide verbessern können.

 Nutzen Sie auch bei scheinbar unwichtigen Themen die Gelegenheit, Gewaltfreie Kommunikation anzuwenden. Und machen Sie sich, wie Sonja, einen kleinen Spickzettel, den Sie bei Bedarf nutzen können.

 Gewaltfreie Kommunikation hilft nicht nur im beruflichen, sondern auch im privaten Kontext, da Sie Ihrem Gegenüber die Möglichkeit geben, Sie zu verstehen und freundlich zu antworten. Streichen Sie ein provokatives »DU« und »IMMER«, das Ihre Gesprächspartner sofort in den Angriffsmodus gehen lässt, aus Ihren Sätzen.

ÜBUNG Überlegen Sie, welche Themen Sie aktuell beschäftigen. Diese können Sie zur Übung nach der 4-Stufen-Methode von Rosenberg durchspielen. Es lohnt sich, die Methode auszuprobieren und mehrfach zu üben. Dann fällt Ihnen die Anwendung in der Praxis viel leichter.

Vier-Stufen-Methode von Marshall B. Rosenberg:
Gewaltfreie Kommunikation

1 – Beobachtung
(Beobachten, nicht bewerten: Was sehe ich?)

....

....

2 – Gefühl
(Eigene Gefühle beschreiben: Wie geht es mir? Was sollte
sich ändern, damit es mir besser geht?)

....

....

3 – Bedürfnis
(Bedürfnisse ausdrücken: Was will ich?)

....

....

4 – Bitte
(Bitten, nicht fordern: Um was kann ich – positiv – bitten?)

....

....

Bewerbung 4.0 – Max ist am Start

Kapitel 30

... zielstrebig und professionell zum neuen Job ...

»Irgendetwas muss sich ändern – und zwar genau jetzt!« Max plant, sich wagemutig dem Arbeitsmarkt zu stellen. »Genau der richtige Zeitpunkt, um sich nach einem neuen Job umzusehen.«

Einziges Problem: Seine letzte Bewerbung lag schon ein paar Jährchen zurück und die Unsicherheit plagte ihn, ob es mit einer Aktualisierung seines Lebenslaufs getan wäre.

Offenbar war es das nicht, und er würde etwas mehr Zeit und Mühe investieren müssen. Sein Kumpel Lucas hat ihm uncharmant klargemacht, dass eine Überarbeitung der Bewerbungsunterlagen nicht ausreiche. »Stichwort Digitalisierung«, hatte Lucas gesagt.

Max war beleidigt. Das hörte sich ja so an, als wäre er nicht in der Lage, einen Computer zu bedienen. Aber wenn er ehrlich war, hätte er sein Anschreiben mit Lebenslauf samt sympathisch-dynamischem Foto schon gerne in eine Mappe gepackt und per Post verschickt.

»Das funktioniert schon lange nicht mehr«, musste er sich anhören. Lucas grinste ihn herausfordernd an: »Die Anforderungen haben sich verändert, genau wie es jetzt Industrie 4.0

gibt, gibt es auch Bewerbung 4.0!«

Dieser Lucas kann einem richtig die Laune verderben, fand Max.

Kleiner Exkurs für die jüngere Generation:

Früher sind potenzielle Bewerberinnen und Bewerber am Samstagmorgen zum Zeitungsverkäufer ihrer Wahl gegangen, um die Süddeutsche Zeitung, die FAZ sowie die Samstagsausgaben der regionalen Presse zu erwerben. Das Papier wurde nach den ausgeschriebenen Arbeitsstellen durchsucht.

War etwas Geeignetes dabei – die Stelle passt und der Standort des Unternehmens auch – wurde eine Bewerbungsmappe gekauft, möglichst in dezenten Farben wie Dunkelblau oder Dunkelgrün.

Diese wurde mit dem ausgedruckten Anschreiben, dem Lebenslauf und einem ordentlichen Foto in Passbildgröße gefüllt, in den Umschlag gesteckt und zur Post gebracht.

Danach begann das große Warten in der Hoffnung, dass der Postbote einen kleinen Umschlag bringt, der die Einladung zum Vorstellungsgespräch enthält, und nicht einen großen Umschlag mit Bewerbungsmappe samt Absage.

Alles recht kosten-, zeit- und materialintensiv.

Zum Vergleich das Vorgehen heute:

Viele Jobs sind online auf diversen Portalen oder den Homepages der Unternehmen zu finden. Auf diese können interessierte Bewerberinnen und Bewerber sich dann umgehend bewerben.

Bewerbungsunterlagen als Anhang in eine E-Mail und ab geht die E-Post. Antworten gibt es entsprechend zügig, was die Bewerberinnen und Bewerber – insbesondere die Gen Y – auch erwarten.

Lucas hat ihm geraten, Online-Bewerbungen ganz einfach an viele Unternehmen zu verschicken – kostet ja nichts. Aber Max wollte dem »Mehr-ist-mehr«-Ratschlag nicht folgen. Anonyme Standardbewerbungen im Überfluss zu versenden war nicht sein Stil. Zudem dachte er an die armen Personalabteilungen, die den ganzen Schrott in ihrem Postfach finden und sortieren müssen.

Nein, so ging es nicht. Max würde sich genauso viel Mühe mit der Bewerbung 4.0 geben wie vor vielen Jahren mit seinen klassischen Bewerbungen. Er hasste zum Beispiel die von Kolleginnen und Kollegen oft genutzten Smileys und Abkürzungen in geschäftlichen E-Mails – in eine Bewerbung gehörten diese schon gar nicht und wirkten dort sehr unprofessionell.

 Finden Sie auch im Zeitalter der Digitalisierung heraus, wer Ihre Bewerbung in den Händen halten und beurteilen wird. Gerade in ländlichen Regionen ist es möglich, dass der Seniorchef der Generation der Babyboomer angehört. Dieser wird sich womöglich über eine klassische Bewerbungsmappe freuen.

Gehört der Personaler zur Gen Y, wird er Bewerbungsunterlagen bevorzugen, die er überall und 24/7 aus der Cloud abrufen kann.

Sicherheit erhalten Sie, indem Sie in dem Unternehmen Ihrer Wahl telefonisch nachfragen, in welcher Form Sie Ihre Unterlagen senden sollen, wenn es nicht bereits explizit in der Stellenausschreibung erwähnt wurde.

Gestern hat Lucas ihm noch vorgeschlagen, ein kleines Bewerbungsvideo zu drehen. Um Gottes willen. Max wollte sich weder in der Filmbranche bewerben noch bei Germany's

Next Top Model ganz groß rauskommen. Er hat sich spaßeshalber mal ein paar bei YouTube hochgeladene »Bewerbungsvideos« angesehen. Schon nach dem zweiten Video hat er sich unglaublich gelangweilt.

Aber vielleicht hatte Lucas damit recht, dass Max sich ein Profil auf Karriereplattformen wie XING oder LinkedIn anlegen sollte. Für den nächsten Tag hat er sich mit seiner Tochter Natalie verabredet, die ihm dabei helfen würde.

Die meiste Zeit würde die Erstellung eines individuellen Anschreibens und die Gestaltung seines Lebenslaufs in Anspruch nehmen. Das war nicht anders als früher, auch wenn er beides heutzutage per E-Mail versenden würde. Dabei fiel ihm bestürzt auf, dass er gar keine seriöse E-Mail-Adresse hatte. MadMax1234@plattform.com, die seine Tochter so cool fand, war definitiv ungeeignet. Natalie würde ihm morgen auch gleich einen neuen E-Mail-Account einrichten müssen.

Bei ihrem Treffen hat Natalie ihn gefragt, ob sie seine Bewerbungsunterlagen in eine Cloud stellen solle. Max hat etwas überfordert abgelehnt.

Kleine Tipps für Ihre Bewerbung

➤ Wiederholen Sie Ihren Lebenslauf nicht im Anschreiben.

➤ Das Anschreiben sollte maximal eine Seite lang sein.

➤ Achten Sie darauf, dass keine Rechtschreib-, Grammatik- und Zeichensetzungsfehler im Anschreiben enthalten sind.

> Suchen Sie sich Vorlagen im Internet für die Gestaltung des Lebenslaufs.

> Lassen Sie sich beim Einscannen Ihrer Unterlagen unterstützen (zum Beispiel durch einen Copyshop), damit alle Dateien gerade und lesbar eingescannt sind.

> Hängen Sie alle Unterlagen in einer PDF-Datei an Ihre E-Mail an, nicht in mehreren einzelnen Dateien (auch dabei kann ein Copyshop helfen).

> Ihr Bewerbungsfoto darf die Passfotogröße deutlich überschreiten und sollte sympathisch und offen wirken – wir empfehlen professionelle Fotografinnen oder Fotografen.

Rückblickend weiß Max die digitale Bewerbung durchaus zu schätzen. Alles ging sehr viel einfacher, als die Zeugnisse und sonstige Bewerbungsunterlagen eingescannt waren und er nur noch das Anschreiben verfassen musste. Der Zeitgewinn war enorm.

Nach kurzer Zeit hat Max tatsächlich zwei Einladungen zu einem Vorstellungsgespräch erhalten, natürlich per E-Mail. Jetzt bereitete er sich intensiv auf die beiden Unternehmen und die Beantwortung von Standardfragen vor.

 Laden Sie sich eine Liste mit typischen Fragen in Vorstellungsgesprächen aus dem Internet, und üben Sie vor dem Spiegel. Beantworten Sie alle Fragen laut und üben Sie so lange, bis Sie freundlich und flüssig antworten können. Sie werden im Vorstellungsgespräch sehr viel entspannter, kompetenter und glaubwürdiger auftreten, wenn Sie sich bei Standardfragen nicht verhaspeln. »Stärken und Schwächen« lassen grüßen.

So ein Tag ist viel
zu kurz, oder?

Kapitel 31

... wenn ein Tag wieder einmal zu wenig Stunden hat ...

Lisa seufzte zufrieden und lehnte sich in ihrem Stuhl zurück. Gleich würde sie Feierabend machen.

Der Tag war, wie eigentlich immer, intensiv gewesen. Sie schaute auf ihren Kalender. Vier Meetings waren es heute gewesen. Morgen standen bereits drei Meetings in ihrem Online-Bürokalender. Nachdenklich schaute sie auf ihre To-do-Liste, die sie nach wie vor auf einem Stück Papier führte. Ihre Kolleginnen und Kollegen belächelten sie dafür, aber das war ihr egal. Für sie funktionierte die Liste wunderbar, und sie mochte das Gefühl, mit Stift und Papier zu arbeiten.

Laut ihrer Liste hatte sie morgen einiges zu erledigen: die Fertigstellung ihres Konzeptes, die Vorbereitung auf das Gespräch mit Herrn Weller und einige wichtige Telefonate. Wie sollte sie diese Aufgaben um die Meetings herum organisieren? Sie überlegte. Für das Konzept würde sie sicher drei Stunden benötigen.

Lisa hatte festgestellt, dass sie sich frühmorgens besonders gut konzentrieren kann. Also legte sie sich in ihrem Kalender einen zweistündigen Blocker vor das erste Meeting. In dieser Zeit würde sie ungestört am Konzept arbeiten können. Sie vergaß auch nicht, zusätzliche 15 Minuten als Puffer einzubauen. So konnte sie vor dem Meeting eine Pause machen, um sich die Beine zu vertreten und die Kaffeetasse aufzufüllen.

Das Meeting sollte eine Stunde dauern. Lisa runzelte die Stirn. In der Regel dauerte dieser Termin länger als geplant. Also ließ sie in ihrem Kalender im Anschluss noch 30 Minuten frei, bevor sie sich die Zeit bis zur Mittagspause für ihre Telefonate blockte.

Zum Mittagessen hatte sie sich mit ein paar Kolleginnen und Kollegen verabredet. Das war ihre Zeit, um in Kontakt zu bleiben und Informationen auszutauschen (siehe auch das Kapitel 12, »Raus aus der Unsichtbarkeit« und Kapitel 26, »Einfach gute Gespräche führen«). Nach dem Mittagessen machte sie immer einen kleinen Spaziergang, um dem »Suppenkoma« entgegenzuwirken.

Danach würde sie sich auf den Termin mit Herrn Weller vorbereiten. Also plante sie einen Blocker von einer Stunde ein. Diese Stunde würde sie vermutlich nicht ganz brauchen. Aber das machte nichts. Aus ihrer Erfahrung gab es häufig Punkte, die kurzfristig erledigt werden mussten. Nach dem anschließenden Termin mit Herrn Weller würde sie eine Verschnaufpause brauchen. Der Mann konnte etwas anstrengend sein. Anschließend würde sie ihr Konzept fertigstellen und dann das letzte Meeting des Tages absolvieren.

Zufrieden blickte Lisa auf ihren Kalender. Das war ein guter Plan!

Und sie hatte genügend Flexibilität eingebaut, um auf spontane Anfragen reagieren zu können.

Kurz bevor Lisa das Büro verließ, blickte sie auf die To-do-

Liste des heutigen Tages und begann, die erledigten Punkte durchzustreichen. Das war jeden Abend ein richtig gutes Gefühl. Zufrieden fuhr sie ihren Rechner herunter und startete entspannt in den Feierabend.

Übrigens: So eine Zeitplanung kann auch für Ihr Privatleben sehr hilfreich sein!

➤ Ob To-do-Listen oder Kalender, Papier oder elektronisch – erlaubt ist alles, was für Sie gut funktioniert!

➤ Schätzen Sie ein, wie lange Sie für eine Aufgabe brauchen.

➤ Bauen Sie Blocker in Ihren Kalender ein. In diesen Zeiten können Sie ungestört arbeiten.

➤ Planen Sie auch Puffer ein. Unvorhergesehenes kann immer dazwischenkommen!

➤ Denken Sie daran, auch Pausen einzuplanen!

➤ Beachten Sie Ihren Biorhythmus.

➤ Schreiben Sie auch Aufgaben auf Ihre To-do-Liste, die sie bereits nebenbei erledigt haben. Dann können Sie auch diese Aufgaben abends …

➤ … abhaken!

Lampenfieber
muss nicht sein

Kapitel 32

... wie Sie Präsentationen ganz entspannt meistern ...

Alina lächelte. Gleich war sie mit ihrem Vortrag an der Reihe. Endlich, sie freute sich schon seit Tagen darauf.

Schmunzelnd erinnerte sie sich, wie sie noch im vergangenen Jahr bei einer Präsentation gestottert hat, rot geworden ist und am liebsten auf der Stelle im Boden versunken wäre. Völlig panisch ist sie geworden, wann immer sie alleine vor vielen Menschen stand und etwas erzählen sollte.

Ganz egal, ob sie im Vorstellungsgespräch für den Job bestens qualifiziert war, für die Prüfung ewig gelernt hatte oder sich für eine Präsentation ein gutes Folienpaket zusammengestellt hatte. Sie war immer fürchterlich nervös und hat sich einfach nur entsetzlich schlecht gefühlt.

Bis sie sich entschieden hat, etwas gegen ihr Lampenfieber und ihre Angst vor Prüfungen oder Präsentationen zu tun. Seitdem waren die Zeiten voller Unsicherheit zum Glück vorbei.

Der Weg dahin war keine ganz leichte Phase – wie immer, wenn man sich mit sich selbst und seinen persönlichen Fähigkeiten auseinandersetzen muss. Manchmal wollte Alina alles hinschmeißen, aber wie oft hat sie bei den Übungen auch herzhaft gelacht.

 Erzielen Sie Wirkung durch Körperhaltung, Mimik und Gestik.

Alinas Training begann mit einer bewussten Körperhaltung, bei der es auf eine gerade und ruhige Haltung ankam, beide Beine geerdet auf dem Boden.

Die Mimik war das nächste Thema.

Nach Entspannungsübungen wurde ein ehrliches Lächeln mit viel Natürlichkeit trainiert, ebenso wie das Halten des Blickkontakts mit dem Publikum. Alina kann kaum zählen, wie oft sie vor dem Spiegel stand und bei verschiedenen Mimikübungen Grimassen geschnitten hat.

Das lustigste Element war für sie allerdings das Gestik-Training. Es gibt hier eine amüsante Übung für ausdrucksstarkes Sprechen, bei der man den Text »Ich habe einen Freund, der ist so groß wie ein Baum ...« mit großer Gestik untermalt.

Eine fast schon sportliche Übung, fand Alina. Sie hat dabei so viel gelacht wie selten in ihrem Leben.

 Beachten Sie Ihren Tonfall, denn der macht die Musik.

Als sie sich auf ihren Tonfall konzentriert hat, war sie fasziniert, wie viel angenehmer ein ruhiges, langsames und betontes Sprechen für das Publikum ist als ihr vorheriges hektisches Geplapper.

Ihr Freund Paul hat sie bei ihren Übungen oft mit der Handykamera aufgenommen, wodurch ihr die eigene Begutachtung leichter gefallen ist und sie, obwohl es ihr anfangs unendlich peinlich war, sehr viel an Selbstbewusstsein gewonnen hat.

Unglaublich komisch war es, als Alina dreimal hintereinander mindestens fünf Sekunden vor laufender Kamera agieren musste – egal wie, nur nicht normal. Sie sollte kreativ sein. Es war die schlimmste, aber zugleich auch eine der unbekümmertsten Übungen. Alles, was danach kam, war nur noch halb so schlimm.

 Üben Sie im Team oder alleine vor dem Spiegel, und machen Sie Videos, zum Beispiel mit ihrem Smartphone.

Alina hat viel mit ihren Freundinnen und Freunden geübt. Sie haben zusammen Fehler besprochen und Stärken gelobt. Das hätte sie auch alleine machen können, aber je mehr Feedback sie durch vertraute Personen erhalten hat, desto leichter ist ihr anschließend ein Auftritt vor fremden Menschen gefallen.

Diese Übung hat sie beibehalten und vor jeder Prüfung, Rede oder Präsentation die jeweilige Situation vor einer Freundin, einem Freund oder vor der Familie geprobt. Wenn es ernst wurde, hat sie sich dadurch richtig gut vorbereitet gefühlt.

 Für jeden Ihrer Auftritte gilt:
Bereiten Sie sich immer gut vor.

Natürlich hat Alina auch eine fundierte fachliche Vorbereitung sehr geholfen, um selbstbewusst aufzutreten. Für jedes Vorstellungsgespräch hat sie Wissen über das Unternehmen gesammelt, bei jeder Präsentation und jeder Rede den Aufbau so gewählt, dass sie das jeweilige Publikum angesprochen und nicht nur erzählt hat, wie toll sie selbst ist. Vor dem Spiegel hat sie geübt, was das Zeug hält.

Dadurch hat Alina enorm an Sicherheit gewonnen.

Und falls sie doch einmal eine Frage nicht beantworten

konnte, hat sie das ganz einfach zugegeben. Diese Ehrlichkeit wurde immer äußerst positiv bewertet.

 Stellen Sie sich auf störende Fragestellerinnen oder Fragesteller ein.

Was Alina nervt, sind diese notorischen Fragestellerinnen und Fragesteller, die bei Präsentationen immer mal wieder dazwischenquatschen – genau wie die typischen Kopfschüttlerinnen und Kopfschüttler, die noch schwieriger sind, weil diese leider meistens nicht mitdenken.

Alina kommt inzwischen recht gut damit zurecht.

Die Personen, die Fragen stellen, wollen in den meisten Fällen nur Aufmerksamkeit. Sie bittet diese freundlich, aber bestimmt, ihre Fragen erst im Anschluss an die Präsentation mit ihr zu besprechen. Dadurch kommt sie während ihres Vortrags nicht aus der Ruhe. Wer mit dem Kopf schüttelt, soll ganz einfach weiter mit dem Kopf schütteln, hat Alina beschlossen.

 Üben Sie den Umgang mit dem Blackout, bevor Sie von ihm überrascht werden.

Und was ist, wenn sie doch einmal einen Blackout hat? In einer Präsentation ist das nicht tragisch. Alina hat immer ihre Karteikärtchen dabei, auf denen sie lässig nachsehen kann, wie es weitergeht. Das machen sogar die hochrangigsten Personen in Unternehmen und der Politik, also darf sie das auch! Bei einem Vorstellungsgespräch bleibt nur die Möglichkeit, ruhig durchzuatmen, um wieder zum Thema zu finden, oder den Blackout offen zuzugeben. Vor ihr sitzen schließlich auch nur Menschen, denkt sie sich.

Als sie während einer Prüfung die Möglichkeit hatte, den

Raum für eine kurze Zeit Richtung Toilette zu verlassen, hat Alina ausprobiert, richtig laut zu schreien. Das tut ihr in Stresssituationen tatsächlich gut. Natürlich nur, wenn sie weit genug entfernt ist. Ein lauter Schrei direkt vor der Tür des Prüfungsraumes würde für leichte Irritationen sorgen.

Alina hat vor allem gelernt, den Erwartungsdruck an sich selbst zu reduzieren. Außerdem hat sie leichte Entspannungstechniken erlernt, die sie bei Bedarf anwenden kann. Sie muss nicht immer perfekt sein (siehe auch Extrakapitel »Warum lassen Sie sich antreiben?«).

Inzwischen weiß sie sogar ein gewisses Lampenfieber zu schätzen, weil sie dadurch Routine vermeiden und ihre Konzentration viel leichter halten kann.

Auf geht's, ab ins Scheinwerferlicht:

It's Showtime.

Maries erstes eigenes Unternehmen

Kapitel 33

... wie Sie den Businessplan in Angriff nehmen ...

Marie saß mit ihrem Vater am Tisch. Vor sich ihr Laptop, Stifte und ziemlich viele leere Zettel. Dass beide ihre Köpfe zusammensteckten, um Pläne zu machen, war noch nie vorgekommen. Für die Zukunft hatten aber beide das gleiche Ziel, sie wollten sich selbstständig machen.

Marie, 32, hatte einige Zeit zu kämpfen nach der Trennung von Jonas, sie hat sich verkrochen und ist bei jeder Kleinigkeit in Tränen ausgebrochen. Doch die Zeit für Liebeskummer war vorbei, ab jetzt wollte sie nach vorne schauen.

Marie hat sich entschieden, die Selbstständigkeit, die Jonas immer als völligen Quatsch bezeichnet hatte, endlich Wirklichkeit werden zu lassen. Ihr eigenes Kosmetikstudio, sie sah es in ihren Träumen schon lange vor sich: Die Räume waren in hellen Naturtönen gestrichen und die weiße Behandlungsliege wartete auf ihre Kundinnen und Kunden.

Aber wie ein richtiger Businessplan erstellt wird, puh ... – zum Glück hatte Marie ihren Vater an ihrer Seite.

Als ehemaliger Personalchef eines großen Unternehmens träumte auch Sebastian von der Selbstständigkeit, natürlich in einem ganz anderen Bereich. Er wollte sein in den letzten drei Jahrzehnten erworbenes Wissen als Unternehmensberater an jüngere Generationen und KMUs weitergeben, vor allem im Bereich Führungskräfteentwicklung.

Sein Arbeitgeber hat ihm eine sehr faire Abfindung angeboten, und so saß er kurz vor seinem 63. Geburtstag hier mit seiner Tochter, um nicht nur ihre, sondern auch seine eigene Selbstständigkeit zu planen.

 Selbst wenn Sie keine finanzielle Unterstützung beantragen möchten, empfehlen wir dringend, einen Businessplan vor dem Start in die Selbstständigkeit zu erstellen. Damit können Sie sich Klarheit verschaffen und Ihre Geschäftsidee zu einem Konzept entwickeln. Ein Businessplan ist Ihr persönlicher Leitfaden, um eine Geschäftsidee zu validieren, den Markt zu analysieren und die Konkurrenz im Blick zu behalten.

Zunächst wollten die zwei sich um den Businessplan für Marie kümmern. Anschließend würde Sebastian die Pläne für seine eigene Idee, sich als Berater selbstständig zu machen, zusammenfassen. Ihm war es wichtig, die Wirtschaftlichkeit und Realisierbarkeit beider Existenzgründungen mit einem Businessplan sorgfältig zu prüfen. Vor allem Marie, die noch so jung war, sollte schließlich langfristig von ihrem Kosmetikstudio leben können.

1. Gründungsperson

»Na dann mal los«, Sebastian lachte seiner Tochter aufmunternd zu. Diese schnappte sich den Laptop und tippte ziemlich aufgeregt die Überschrift auf die erste Folie: »Gründungsperson«.

Marie überlegte, was sie über sich erzählen sollte, was wirklich wichtig war. Natürlich die Ausbildung zur Bankkauffrau und die letzten zehn Jahre, in denen sie in einer Bank tätig war. Sie konnte mit ihrem betriebswirtschaftlichen Know-how punkten. Auch die nebenberufliche Fortbildung zur Kosmetikerin an der Fachschule in Stuttgart war natürlich wichtig, war sie doch die fachliche Basis für ihren Traum.

 Erzählen Sie Ihre Geschichte von der Idee bis zur Umsetzung, lassen Sie die Leserinnen und Leser des Businessplans an Ihrem Traum teilhaben.

2. Unternehmensgegenstand

Anschließend sollte Marie den Inhalt ihres künftigen Geschäftsmodells zum Ausdruck bringen. Das fiel ihr leicht, da sie sich dazu schon sehr viele Gedanken gemacht hatte.

Dass Marie zu Beginn die Einliegerwohnung im Haus ihrer Eltern für ihr Studio nutzen durfte, war natürlich großartig. Die Kosten für die Miete wären deutlich geringer als in extern angemieteten Räumen.

3. SWOT

Gemeinsam mit ihrem Vater ging Marie alle relevanten Chancen und Risiken sowie die Stärken und Schwächen durch. Sie versuchten, diese realistisch einzuschätzen. Eine ihrer persönlichen Stärken war, neben ihrer Leidenschaft für die Kosmetik, vor allem ihre Kommunikationsfähigkeit und Empathie. Mit ihren Kundinnen und Kunden würde sie hervorragend klarkommen.

 Beziehen Sie die SWOT-Analyse nicht nur auf Ihr Unternehmen, sondern auch auf Sie selbst als Unternehmensgründerin bzw. -gründer. Dieser Perspektivenwechsel hilft oft, sich realistisch mit den Zielen auseinanderzusetzen.

4. Dienstleistung

Welche Dienstleistungen sie anbieten wollte, wusste Marie natürlich gut. Neben Anti-Aging-, Wellness- und Beauty-Behandlungen wollte sie anfangs auch eine mobile Fußpflege in Pflegeheimen anbieten. Im zweiten Schritt plante sie, sich auf Permanent Make-up und Wimpernverlängerung zu spezialisieren, und in ferner Zukunft wollte sie eine eigene Kosmetiklinie auf den Markt bringen.

 Die Vorstellung von Dienstleistungen bzw. Produkten verdient mehrere, gut strukturierte Seiten in Ihrem Businessplan.

5. Zielgruppe

Nun sollte Marie ihre Zielgruppe definieren. Wen will sie ansprechen? Wer wird Geld für ihr Angebot ausgeben? Ihr Vater war in diesem Punkt keine große Hilfe. »Danke, nein, mein Schatz!«, hatte er lachend gesagt, »ich möchte weder eine Wimpernverlängerung noch ein Permanent Make-up.« Also würde sie ihr Hauptaugenmerk zunächst vor allem auf die weibliche Kundschaft ab 30 Jahren legen.

 Befragen Sie hierzu auch Ihren Familien- und Freundeskreis.

6. Marktanalyse

Nun ging es an die Betrachtung des Marktes. Marie wollte Me-too-Strategien vermeiden und stattdessen ein möglichst neues Konzept umsetzen. Das war am Anfang vielleicht noch nicht machbar, aber sie hatte viele Ideen für das Besondere, die sie in den nächsten Jahren umsetzen wollte.

 Vergessen Sie bei der Marktanalyse nicht neu entstehende Märkte und vor allem Trends.

7. Konkurrenzanalyse

Ihre Konkurrenz hat Marie selbstverständlich bereits intensiv analysiert. Nicht nur in ihrer direkten Umgebung, sondern auch in weit entfernten Städten wie Hamburg oder München hat sie sich Kosmetikstudios angesehen und mit den Inhaberinnen gesprochen. Die meisten waren richtig nett, da Marie aufgrund der Entfernung nicht als direkte Konkurrenz gesehen wurde, und so konnte sie viele Tipps mitnehmen.

 Alternativ können Sie auch über Kooperationen nachdenken, wenn Plan A nicht klappt.

8. Marketing

Für Marie ging es in erster Linie um die Gewinnung von Neukundinnen und den Aufbau einer Stammkundschaft.

»Was soll ich nur machen?«, dachte sie, »eine Anzeige in der Presse, Flyer oder Broschüren, Internetauftritt oder Social Media, Außenwerbung oder Autobeschriftung? Am besten schreibe ich alles auf und erkundige mich nach den Preisen.« Ihr Bruder Tom konnte einen Internetauftritt für sie erstellen, das hatte er schon zugesagt.

 Erstellen Sie eine Liste, welche der geplanten Maßnahmen Sie selbst umsetzen können und bei welchen Sie Hilfe benötigen.

9. Preisstrategie / Finanzplanung

»Was sollen deine Dienstleistungen eigentlich kosten?«, fragte Sebastian seine Tochter. »Eine 3-Jahres-Finanzplanung muss dein Businessplan mindestens enthalten. Am besten machen wir einen Entwurf und besprechen alles mit Herrn Mattern.«

Marie stimmte zu, sie würde gleich morgen einen Termin mit Herrn Mattern, dem Steuerberater ihrer Eltern, vereinbaren.

 Wenn Sie keinen Anhaltspunkt für eine Preisstrategie haben, versuchen Sie sich an den Preisen der Konkurrenz zu orientieren.

Die Erstellung ihres Businessplans machte viel Arbeit und war natürlich nicht an einem Abend erledigt. Marie brauchte tatsächlich drei Wochen für die Recherche, zwei Wochen für die Formulierung ihrer Geschäftsidee, weitere drei Wochen für die Finanzplanung, zwei Wochen für die Marketingmaßnahmen und die übrigen Texte sowie eine weitere Woche für das Layout.

 Nehmen Sie sich auch für die Gestaltung Zeit. Ein gelungenes Deckblatt, die passende Schriftart und Aufteilung sowie interessante Grafiken sorgen für einen professionellen Auftritt.

Nach dieser mühevollen Zeit hielt Marie unendlich stolz ihren eigenen, ganz besonderen Businessplan in den Händen und war sich hundertprozentig sicher, dass sie genau die richtige Entscheidung für ihr Leben getroffen hat. Sie würde ihren Weg gehen – und zwar erfolgreich und vor allem sehr glücklich.

In Rente – und was jetzt?

Kapitel 34

... wenn Träume endlich wahr werden ...

Die Sektkorken knallen, alle gratulieren Werner zum langersehnten Ruhestand. Auf dem Abschiedskärtchen hat das ganze Team unterschrieben und fröhlich wird bei leckeren Häppchen geplaudert und gelacht. Der Chef hält eine kleine Rede, erzählt etwas von »endlich Zeit fürs Reisen und deine Hobbys« und warnt kichernd vor »Pappa ante portas«.

Werner verdreht innerlich die Augen, bedankt sich aber brav und fühlt sich bereits im nächsten Moment außen vor. In den Gesprächen geht es bald um Projekte, Kundinnen und Kunden, die nächsten To-dos ... Dazu kann er gar nichts mehr sagen. Kann er natürlich schon. Deutlich kompetenter als der versammelte Rest der Mannschaft ist er ohne Frage. Aber er darf es nicht mehr. Aussortiert. Zu alt. Nichts mehr wert.

Seinen Schreibtisch musste er schon räumen, seinen PC und das Firmenhandy bei der IT-Abteilung abgeben. Die Zugangskarte für das Gebäude liegt auch bereits bei der Personalabteilung.

Niedergeschlagen trottet er nach Hause.

Werner war immer so stolz auf seinen Job, hat sich jederzeit engagiert und eine beachtliche Karriere erarbeitet. Den

Ruhestand hat er lange verdrängt und ehrlich gesagt auch immer wieder ein bisschen nach hinten geschoben, bis es aus Altersgründen nicht mehr möglich war. Jetzt hat ihn das Empty-Desk-Syndrom voll erwischt. Er fühlt sich nutzlos, hat gar kein richtiges Ziel mehr, irgendwie eine innere Leere. So kennt er sich gar nicht.

Vier Jahre später

Werner steht grinsend auf dem Deck seines Bootes. Er kann es selbst fast noch nicht glauben, aber er hat es mit seinen eigenen Händen gebaut. Okay, mit Unterstützung der Profis der Bootswerft an der Ostsee, bei der er sich nach seinem Karriereende endlich seinen Lebenstraum, eine Ausbildung zum Bootsbauer, erfüllen konnte. Mit 65 Jahren hat er seine Didi 26 gebaut. Seine Didi war zwar keine Riva-Yacht, aber sein Herzblut steckt in dem schicken blau lackierten Race-Cruiser mit dem Namen »Heike«, dem Namen seiner Frau, die die Segelausflüge bei sonnigem Wetter genauso genießt wie er.

Werner findet sein Segelboot und sich selbst ziemlich cool – und wir ihn auch.

Bevor Sie also im Ruhestand in eine veritable Sinn- und Identitätskrise stürzen, packen Sie die Herausforderung lieber an. Ihnen wird schon nicht langweilig. Und wenn Sie eine neue Struktur in Ihrem Leben geschaffen haben, werden Sie Ihre

40- oder 50-Stunden-Woche im Büro garantiert nicht mehr vermissen. Und fit bleiben Sie auch.

Es gibt so viele Möglichkeiten. Hier ein paar Anregungen:

➤ Selbstständiger Berater

Sie wissen viel und möchten Ihr Wissen weitergeben? Möchten Sie das als selbstständiger Berater tun? Dann geht es für Sie weiter im Kapitel 33, »Maries erstes eigenes Unternehmen«. Diesen Tipp legen wir Ihnen aus Erfahrung sehr ans Herz: Erstellen Sie einen soliden Businessplan, bevor Sie Ihr Geld für unnötige Investitionen beim Start in die Selbstständigkeit verschleudern. Sie müssen sich und Ihr Know-how selbst vermarkten, das ist eine völlig neue und spannende, aber auch herausfordernde Aufgabe. Ein erfahrener Coach, der Ihnen zu Beginn zur Seite steht, ist empfehlenswert.

➤ Freier Berater

Sie können sich auch als freier Berater einem bestehenden Beratungsunternehmen anschließen. Das hat den großen Vorteil, dass Sie deren Vertriebsstrukturen nutzen können. Sie sind selbstständig in Ihrer Arbeit und Ihren Entscheidungen, aber nicht allein auf sich gestellt.

➤ Ehrenamt

Ein Ehrenamt reizt Sie viel mehr? Wollen Sie beispielsweise Mentor für benachteiligte Jugendliche werden, den Naturschutzbund ehrenamtlich unterstützen oder sich im Tierschutz engagieren?

Es gibt fabelhafte soziale Projekte, die Helfende suchen, sehen Sie sich im Internet einmal um. Sie werden staunen, welche Möglichkeiten es gibt.

Ein Beispiel: Ärzte ohne Grenzen suchen nicht nur Mitarbeiterinnen und Mitarbeiter aus medizinischen Berufen, auch Mithelfende aus den anderen Bereichen, wie zum Beispiel Bauingenieurwesen, Technik, Logistik oder Ernährungswissenschaften, sind gefragt.

➤ Hobbys

Sie haben Hobbys, die Sie ausbauen möchten? Wollten Sie auch schon immer mal Ihr eigenes Boot bauen? Neue Techniken lernen oder wunderbare Bilder malen? Einen Oldtimer von Grund auf restaurieren? Das Buch schreiben, das Ihnen schon Jahre im Kopf herumgeistert? Oder wartet Ihr Garten darauf, komplett neu gestaltet zu werden? Stürzen Sie sich ins Abenteuer, genießen Sie Ihre neu erworbene freie Zeit.

➤ Ausbildung oder Studium

Vor allem: Haben Sie keine Angst, Neues zu beginnen! Nein, Sie sind nicht zu alt! Beginnen Sie eine Ausbildung oder ein Studium, wenn es Sie interessiert. Völlig frei von den Überlegungen, im Anschluss Geld damit verdienen zu müssen. Einfach nur, weil es Sie inhaltlich interessiert. Übrigens: Der Psychologe Otto Quadbeck, der das Empty-Desk-Syndrom intensiv erforschte, hat zuvor als Bankdirektor gearbeitet und erst im Ruhestand Psychologie studiert.

➤ Reisen

Der Klassiker. Sie haben die Zeit und müssen nur noch Ihren Mut zusammenkratzen, sich von einer 14-Tage-Pauschalreise zu verabschieden und einfach mal die 6-Wochen-Weltreise-Kreuzfahrt in Angriff zu nehmen.

Oder drei Monate im Wohnmobil durch Australien? Einzigartige Spielerlebnisse auf den schönsten Golfplätzen welt-

weit genießen? Den Jakobsweg wandern?

Mit der Harley über die Route 66, bis Sie keine Lust mehr haben? In Nepal in den Buddhismus und die Spiritualität von Nonnen, Lamas und Yogis eintauchen? Auf Kuba bunte Oldtimer bei kühlen Mojitos und Zigarrenrauch begutachten?

Wir können stundenlang weiterträumen. Sie können es tun! Sind die Kosten realisierbar? Also dann, los geht's!

➤ Der beste Freund

Sie wollen nicht reisen, zumindest nicht mit dem Flieger? Sie wollen endlich einen Hund, dem Sie während Ihrer Berufstätigkeit nie hätten gerecht werden können? Dann mal los, der wird Sie beschäftigen, das garantieren wir Ihnen. Suchen Sie sich eine gute Hundeschule, damit Sie auch als Team richtig viel Freude haben werden, und genießen Sie Ihre Zeit mit dem besten Freund des Menschen.

215

Sie können übrigens den Hundewunsch wunderbar mit einem sozialen Projekt verbinden: Es gibt junge und auch ältere Hunde aus Tierheimen, die ein warmes Plätzchen bei liebevollen Menschen suchen und – genau wie Sie – so gerne einen Neustart wagen möchten, um mit viel Zuneigung und Vertrauen eine ganz besondere Beziehung zu Ihnen aufzubauen.

Wie Sie sehen, gibt es unglaublich viele Optionen. Wir haben nur eine kleine Auswahl vorgestellt. Träumen Sie. Und danach folgen Sie Ihren Träumen.

Involvieren Sie Ihre Familie und im Bedarfsfall Ihre Hausärztin oder Ihren Hausarzt in Ihre Ideen und Planungen – und seien Sie mutig beim Neustart.

Wenn Sie unsicher sind oder Inspiration brauchen, nehmen Sie Unterstützung in Anspruch. Gut geplant gelingt der Start ins neue Leben noch besser.

Wenn Sie also gefragt werden, was Sie beruflich machen oder wie Sie als Ruheständler klarkommen: machen Sie sich keine Gedanken.

Es wird so sein, dass Sie es kaum erwarten können, von Ihren Plänen und Erlebnissen zu erzählen.

Meine ganz persönlichen Träume, Ideen und Pläne:

....

....

....

....

....

....

....

....

....

....

....

....

....

....

Warum lassen Sie sich antreiben?

EXTRAKAPITEL

... wie Sie Ihre nervigen Antreiber
verstehen und loslassen können ...

Haben Sie sich jemals gefragt, warum Sie immer als Letzte
bzw. Letzter das Büro verlassen, nicht »Nein« sagen können
oder sich ständig um die Probleme von Kolleginnen und Kollegen, Freundinnen und Freunde kümmern? Vielleicht liegt
es an Ihrem inneren Antreiber.

Innere Antreiber beeinflussen uns meist unbewusst. Insbesondere in Stresssituationen folgen wir ihnen quasi vorprogrammiert, weil wir das Verhalten in unserer bisherigen
Lebensgeschichte erlernt und verinnerlicht haben.

Das Modell der inneren Antreiber wurde von Taibi Kahler
und Hedges Casper im Rahmen der Transaktionsanalyse
entwickelt. Insgesamt werden fünf Antreiber unterschieden:
»Sei perfekt!«, »Mache es allen recht!«, »Streng dich an!«,
»Sei stark!« und »Beeil dich!«.

Wenn Sie durch Ihre persönlichen Antreiber so stark unter
Druck gesetzt werden, dass auch gesundheitliche Folgen
absehbar sind, sollten Sie intensiv daran arbeiten. Es geht
nicht darum, Antreiber komplett auszuschalten, sondern –
unter anderem mithilfe von »Erlaubern« – Freiheiten zuzulassen, um das eigene Wohlbefinden zu schützen.

Antreiber »SEI PERFEKT!«

Ella arbeitet an einer wichtigen Präsentation für ein Meeting mit dem Vorstand. Sie verbringt Stunden damit, jede Folie zu perfektionieren, jedes Detail zu überprüfen und sicherzustellen, dass alles makellos ist. Am Ende der Woche ist Ella vollkommen erschöpft und fragt sich trotzdem, ob ihre Arbeit wirklich gut genug ist. Kompetenz und Leistung sind ihr wichtig, sie arbeitet vorausschauend, ist detailorientiert und gründlich. Das ist großartig für Projekte, bei denen Präzision wichtig ist.

Dieser Antreiber könnte aus ihrer Kindheit stammen, in der hohe Erwartungen an Ella gestellt wurden. Sie hat Angst zu versagen. Oft genug hat sie gehört: »Du kannst das besser« oder »Nur das Beste zählt«.

Der »Sei perfekt!«-Antreiber hat den Vorteil, dass Ella sehr exakt arbeitet. Allerdings führt dieser Antreiber auch zu übermäßigem Stress, denn Ella setzt sich selbst permanent unter Druck und ist eigentlich nie zufrieden. Auch im Privatleben möchte sie am liebsten alles mit System und nach einem sorgfältigen Plan angehen.

Dieser Perfektionismus kann zu chronischem Stress, Schlaflosigkeit oder einem Burn-out führen. Zwischenmenschlich wird es schwierig, weil andere Menschen Ellas hohen Standards kaum entsprechen können oder sich von ihrem Perfektionismus eingeschüchtert fühlen.

Ellas Team ist außerdem häufig genervt, weil sie aufgrund von Detailarbeit und ständiger Fehlersuche Entscheidungen verzögert.

 Ella sollte sich bewusst machen, dass es in Ordnung ist, Fehler zu machen, sich realistische Ziele zu setzen und zu akzeptieren, dass nicht alles perfekt sein muss. Manchmal ist »gut genug« wirklich gut genug!

Erlauber

➤ »Ich bin wertvoll und gut genug, so wie ich bin.«

➤ »Ich darf Fehler machen. Ein Fehler ist ein ‚Ja‘ zu meiner Menschlichkeit.«

➤ »Ich gebe mein Bestes – und das ist gut genug.«

Antreiber »MACHE ES ALLEN RECHT!«

Ihr Chef bittet Emilie kurzfristig um Hilfe bei einem Projekt, obwohl ihr eigener Schreibtisch schon überquillt vor Aufgaben. Anstatt »Nein« zu sagen, nimmt sie die zusätzliche Arbeit natürlich an – schließlich möchte sie niemanden enttäuschen.

Ihre Unterstützung bei den Veranstaltungen am Freitag im Fußballverein, am Samstag im Hundeverein und am Sonntag bei der Freiwilligen Feuerwehr kann sie nicht ablehnen. Emilie ist empathisch, sie kann sich sehr gut in Personen und Stimmungen einfühlen, hat eine feine Intuition und sucht die Harmonie. Streit und Kritik sind ihr zuwider. Sie sorgt für gute Stimmung und ist stets gut gelaunt.

Der »Mache es allen recht!«-Antreiber könnte aus einer Umgebung stammen, in der Anerkennung stark davon abhing, anderen zu gefallen oder deren Erwartungen zu erfüllen.

Ihre Eltern haben womöglich ein »Wenn du das nicht machst, bin ich traurig« oder ein »Pass dich bitte an« in den Raum geworfen. Im schlimmsten Fall haben ihre Eltern mit Liebesentzug reagiert, wenn Emilie ihre Erwartungen nicht erfüllt hatte.

Der »Mache es allen recht!«-Antreiber macht Emilie zu einer sehr hilfsbereiten Person. Sie achtet vor allem darauf, dass es allen anderen gut geht. Bindung und Anerkennung sind ihr wichtig. Emilie ist beliebt in ihrem Team und im Freundeskreis, weil man sich auf sie verlassen kann.

Aber Vorsicht: Weil Emilie immer nur versucht, es allen recht zu machen, vergisst sie ihre eigenen Bedürfnisse. Ständige Selbstaufopferung kann zu Erschöpfung führen. Kritik nimmt sie oft persönlich. Emilie sollte nicht unterschätzen, dass sie damit ihre physische und mentale Gesundheit bedroht.

Zwischenmenschlich bleibt der schale Beigeschmack, oft ausgenutzt zu werden oder festzustellen, dass ihre eigenen Bedürfnisse unerfüllt bleiben. Viel zu selten kommuniziert sie anderen ihre eigenen Wünsche. Deshalb führt mangelnde Rücksicht zusätzlich zu Frust und Enttäuschungen.

 Es ist okay, nicht immer verfügbar zu sein und klare Grenzen zu setzen. Wenn Emilie sich daran erinnert, dass ihre eigenen Bedürfnisse genauso wichtig sind wie die der anderen, und sie auch mal »Nein« sagt, ist sie auf einem guten Weg. Lesen Sie hierzu auch Kapitel 1, »In jedem Nein steckt ein Ja«.

Erlauber

➤ »Ich darf Nein sagen.«

➤ »Ich muss nicht bei allen beliebt sein, um wertvoll zu sein.«

➤ »Meine eigenen Bedürfnisse und Wünsche sind wichtig.«

➤ »Ich darf mir Zeit für mich nehmen.«

Antreiber »STRENG DICH AN!«

Alexander arbeitet an einem großen Projekt im Büro und bleibt bis spät in die Nacht wach, um sicherzustellen, dass alles fertig ist. Er gibt wie immer 110 Prozent, auch wenn niemand zusieht. Alexander ist vor allem für sein hohes Durchhaltevermögen bekannt. Er ist besonders strebsam, fleißig und diszipliniert. Herausforderungen nimmt er gerne an.

Der »Streng dich an!«-Antreiber könnte aus seiner Kindheit stammen, in der harte Arbeit belohnt wurde oder als einzige Möglichkeit gesehen wurde, Anerkennung zu erhalten. Alexander hat den Spruch »Ohne Fleiß kein Preis« seiner Eltern womöglich oft gehört.

Dieser Antreiber sorgt dafür, dass Alexander sehr engagiert ist und hart arbeitet. Das kann in einigen Situationen ein großer Vorteil sein. Allerdings besteht die Gefahr der Überarbeitung und der ständigen Selbstkritik. Richtig problematisch wird es, wenn Alexander seinen eigenen Wert nur über seine Leistung bemisst.

Die Angst zu versagen und die dauernde Konkurrenz mit anderen kann schwerwiegende Folgen nach sich ziehen. Alexander strebt nicht nur stetig nach Anerkennung, es fällt ihm auch extrem schwer, eine Zeit lang mal »nichts« zu tun.

Überarbeitung führt auf Dauer zu körperlicher Erschöpfung sowie zu mentalem Stress. Zwischenmenschlich haben Kolleginnen und Kollegen oft Schwierigkeiten mitzuhalten oder fühlen sich von seinem hohen Arbeitsethos eingeschüchtert.

 Indem Alexander sich realistische Arbeitsziele setzt und Pausen einplant, kann er sein Arbeitspensum steuern. Er sollte anerkennen, dass es manchmal wichtiger ist, smart als hart zu arbeiten, und auch der leichte Weg zum Ziel führen kann.

Erlauber

➤ »Ich darf Spaß haben bei der Arbeit.«

➤ »Ich darf Erfolge feiern und mich danach auch zurücklehnen.«

➤ »Ich darf Pausen machen.«

Antreiber »SEI STARK!«

Vergangene Woche haben Matteo und Julia sich getrennt. Emotionen zeigt Matteo aber weder vor seinen Freundinnen und Freunden noch vor seiner Familie. Stattdessen macht er weiter wie bisher – als wäre nichts passiert. Wie immer macht Matteo die Dinge lieber mit sich allein aus, als über seine Probleme zu reden. Wenn er vor einer Herausforderung steht, bittet er ungern um Hilfe. Er sieht sich lieber als Fels in der Brandung für andere.

Der »Sei stark!«-Antreiber könnte aus einem Umfeld stammen, in der das Zeigen von Schwäche als negativ angesehen wurde und in der die emotionale Unterstützung fehlte. Matteo solle sich »zusammenreißen« oder »die Zähne zusammenbeißen«, haben seine Eltern oft gesagt.

Dieser Antreiber hilft Matteo, in schwierigen Zeiten durchzuhalten, er ist hartnäckig. Aber gleichzeitig führt es dazu, dass Matteo seine Gefühle permanent verdrängt, was sich langfristig negativ auf sein eigenes Wohlbefinden auswirkt.

Auf lange Sicht machen unterdrückte Gefühle krank und können körperliche Stressreaktionen aller Art auslösen – von erhöhtem Blutdruck über Herzerkrankungen bis zu Magenproblemen. Das Immunsystem wird schwächer und anfälliger für Infekte.

Zwischenmenschlich wird es häufig schwierig, weil viele Menschen denken, dass Matteo keine Unterstützung annehmen will; er wirkt sehr verschlossen und unnahbar.

 Es ist völlig in Ordnung, Hilfe anzunehmen, wenn man sie braucht! Indem Matteo sich selbst erlaubt, Schwäche zuzugeben und Freundinnen und Freunden sowie der Familie zu zeigen, was in ihm vorgeht, wird er erleben, dass diese ihn verstehen. Das Vertrauen, das er anderen entgegenbringt, wird die Beziehungen verbessern.

Erlauber

➤ »Ich darf Schwäche zeigen und um Hilfe bitten.«

➤ »Ich darf Gefühle haben, zulassen und zeigen.«

➤ »Ich darf anderen vertrauen.«

Antreiber »BEEIL DICH!«

Matthias ist wieder einmal in Hektik. Er rennt von einem Meeting ins nächste. Auch dieser Tag ist vollgepackt mit To-dos, er kann kaum durchatmen. Für das, was noch alles erledigt werden muss, reicht seine Zeit eigentlich nie aus. Darum versucht er häufig, mehrere Dinge gleichzeitig zu erledigen, und wird nervös, wenn etwas zu lange dauert. Pausen kann er sich nicht erlauben, es gibt noch so viel zu tun.

Dieser Antreiber könnte daher stammen, dass Schnelligkeit und Effizienz hoch geschätzt wurden. Von seinen Eltern, Lehrerinnen und Lehrern hat Matthias immer wieder ein

»Trödel nicht wieder rum« oder »Zeit ist Geld« gehört.

Der »Beeil dich!«-Antreiber sorgt dafür, dass viel erledigt wird – das klingt erst mal gut. Sein Chef findet positiv, dass Matthias oft neue Ideen und gute Lösungsansätze findet. Doch weil Matthias ständig unter Zeitdruck steht, leidet darunter manches Mal die Qualität seiner Arbeit, denn schnelles Arbeiten und Multitasking sind mit einer hohen Fehlerrate verknüpft. Vor allem aber leidet sein eigenes Wohlbefinden.

Die ständige Eile führt bei Matthias zu Stress, Schlaflosigkeit und Gereiztheit. Zwischenmenschlich wird es immer dann schwierig, wenn andere Menschen nicht mithalten können oder sich durch sein Tempo gestresst fühlen. Auch in der Kommunikation entstehen durch sein hektisches Sprechen schnell mal Missverständnisse.

 Indem Matthias Pausen bewusst einplant und sich Zeit für Entspannung nimmt, reduziert er das Tempo in seinem Alltag. Es ist hilfreich, Prioritäten zu setzen – nicht alles muss sofort erledigt werden. Klare To-do-Listen, die Aufgabe für Aufgabe abgearbeitet werden können, helfen dabei.

Erlauber

➤ »Ich nehme mir Zeit für meine Aufgaben.«

➤ »Meine Zeit gehört mir.«

➤ »Ich darf Pausen machen.«

Jeder Antreiber hat seine Stärken und kann uns motivieren. Aber jeder Antreiber hat auch seine Schattenseiten. Wenn wir sie sorglos unser Leben bestimmen lassen, können sie eine Menge Schaden anrichten.

Sobald Sie herausgefunden haben, welche Antreiber Ihr Verhalten beeinflussen, können Sie bewusst damit umgehen. Sie können Ihre Stärken nutzen, ohne dabei Ihre Gesundheit und Ihr Wohlbefinden aufs Spiel zu setzen.

> Hören Sie auf Ihre
> inneren Stimmen,
> aber lassen Sie sich
> nicht von
> ihnen beherrschen!

Nicht vergessen:

Manchmal darf man
auch einfach mal
alle fünfe gerade
sein lassen